高中英语课堂与教学模式研究

谢耀红　战明华　赵志敏◎著

吉林文史出版社

图书在版编目（CIP）数据

高中英语课堂与教学模式研究 / 谢耀红, 战明华,
赵志敏著. -- 长春：吉林文史出版社, 2021.1

ISBN 978-7-5472-7591-7

Ⅰ. ①高… Ⅱ. ①谢… ②战… ③赵… Ⅲ. ①英语课
－课堂教学－教学模式－研究－高中 Ⅳ. ①G633.412

中国版本图书馆 CIP 数据核字(2021)第 020562 号

GAOZHONG YINGYU KETANG YU JIAOXUE MOSHI YANJIU

书　　名　高中英语课堂与教学模式研究
作　　者　谢耀红　战明华　赵志敏
封面设计　徐芳芳
出版发行　吉林文史出版社有限责任公司
地　　址　长春市福祉大路 5788 号
印　　刷　北京四海锦诚印刷技术有限公司
开　　本　787mm×1092mm　　16 开
印　　张　11
字　　数　244 千字
版　　次　2022 年 8 月第 1 版　　　2022 年 8 月第 1 次印刷
定　　价　48.00 元
书　　号　ISBN 978-7-5472-7591-7

前　言

　　随着社会经济和科学技术的进步，人们越来越意识到在发展的基础上保护生态的重要性，生态学和生态哲学为人类的发展提供了科学的依据，也为人们思考问题提出了新的视角。生态学的观点为教育改革提供了全新的视角，也为研究课堂教学提供了基础。随着生态学的基本理论与教育理论的联姻，出现了一种强调以生为本的生态课堂。构建高中英语生态课堂，能够满足高中学生的发展需求，激发他们内在的潜能，体现学生的主体地位。

　　本书以"生态视阈下高中课堂与教学模式研究——以高中英语为例"为选题，探讨高中英语课堂与教学模式相关内容。全书共分为六章：第一章分析高中英语课堂教学，内容包括高中英语教学课堂提问、高中英语高效课堂教学、高中英语教师教学方式与师生互动；第二章为高中英语生态课堂的构建，主要包括生态课堂的构建模式与实施、生态课堂教学环境及其优化、高中英语生态课堂的特点及意义、高中英语生态课堂基本原则、高中英语生态课堂构建策略；第三章是生态视阈下高中英语课堂及其优化，内容涉及生态视阈下高中英语课堂氛围的营造、生态视阈下高中英语课堂的质性评价体系、生态视阈下高中英语课堂教学活动优化；第四章通过分析英语阅读教学中的影响因素、高中英语阅读教学中的 ESA 教学模式、高中英语阅读教学中的学案导学模式、生态视阈下高中英语阅读课堂构建与教学，研究生态视阈下高中英语课堂阅读教学；第五章分析生态视阈下高中英语课堂词汇教学，内容涵盖高中英语词汇教学中的翻转课堂教学模式、高中英语词汇教学中的参与性教学模式、生态视阈下高中英语课堂词汇教学的构建；第六章是生态视阈下高中英语课堂写作教学，研究高中英语写作教学中的多元反馈模式、高中英语写作中的多模态教学模式、生态视阈下高中英语课堂写作教学策略。

　　本书内容丰富、脉络清晰、深入浅出，集理论性、知识性与实用性于一体，理论联系实际，具有一定的理论创新性。本书基于生态视阈研究高中英语课堂与教学，目的是推动高中英语教学的进一步发展。

　　本书在撰写过程中得到许多专家学者的指导和帮助，在此表示诚挚谢意。由于学术水平以及客观条件限制，书中所涉及的内容难免有疏漏之处，希望读者能够积极批评指正，以待进一步修改。

目 录

第一章 高中英语课堂教学分析

第一节 高中英语教学课堂提问

一、高中英语教学课堂提问调查方式与过程

（一）高中英语教学课堂提问调查方式

高中英语教学课堂提问调查主要采用课堂观察、问卷调查、师生访谈的方法进行研究，具体操作如下：

（1）课堂观察。在调查中，采用课堂观察作为记录教师英语课堂提问方式的首要研究方法。使用课堂观察的理由，主要是基于以下两方面考虑：

第一，课堂观察作为数据收集是课堂过程研究的重要手段，研究者可以用它来研究课堂的语言学习和教学过程，也可以对教师和学生的行为进行分析。

第二，课堂观察可以对进行中的现象进行研究，通过课堂观察可以在众多课堂变量中近距离地观察一种现象，这对于研究语言行为很重要。

（2）问卷调查。鉴于课堂观察不足以全面反映教师所用提问策略对师生互动的影响，因此采用问卷调查作为辅助手段。

（3）师生访谈。利用课间和开课老师及听课学生进行交流和交换意见，利用课余的时间和调查学校的学生进行座谈，利用教研组和备课组会议的时候进行访谈。在座谈和访谈的时候，尽量营造轻松愉快的氛围，从而得到更为丰富和真实的信息。

（二）高中英语教学课堂提问调查基本过程

（1）收集数据。为了更进一步了解教师对于高中英语课堂提问的认知，以及他们在课

堂上所提问题的情况，可以对作为研究对象的授课教师进行访谈。访谈采取的是一对一面谈的形式，教师能够如实地表达自己观点。

（2）数据分析。数据分析是指，为理解所收集的各种数据，对其进行重新组织、解释。数据分析的方法选择取决于研究目的、研究方法和数据类型。随着每一步研究的推进，数据的分析也在持续进行。通过课堂记录和访谈记录对课堂进程中的各种问题进行分析；同时分析收集起来的各种数据，通过分类、画表格等形式来论证观点。

二、高中英语课堂教学中的提问原则与策略

（一）高中英语课堂教学的提问原则

高中英语课程的任务是激发和培养学生学习英语的兴趣，使学生树立自信心，养成良好的学习习惯和形成有效的学习策略，发展自主学习的能力和合作精神；培养学生的观察、记忆、思维、想象能力和创新精神。高效率的课堂提问能使学生的课堂学习事半功倍，不恰当的提问则会让学生失去信心，产生厌学的情绪。因此，基于对高中课堂提问的观察和探究，提出以下三个原则：

1. 科学性原则

教师首先要认真备课，把握课文的教学目标和大纲要求，问题的设计要科学合理，符合课文的重点难点，发挥出提问应有的作用。与此同时，所提的问题要适应学生的身心发展特点和认知水平，充分体现学生的主体地位，由浅入深，循序渐进。开始的时候可以提出一些引起学生注意和兴趣的中低难度的问题，然后根据具体情况逐步提高问题的难度。教师问题的设计与其说在备教材，不如说在备学生。对于不同层次的学生，有的放矢地设计问题，如知识理解的启发性问题；触类旁通的发散性问题；归纳总结的聚合性问题；温故而知新的复习性问题等。

2. 全面性原则

素质教育要求教师面向全体学生，使每一个学生都得到教育和发展。因此，提问不可以出现受到冷落和遗忘的角落。课堂不是个别学生表演的舞台，不能只满足个别学生的求知欲望。有的教师存在偏爱自己喜爱的学生或青睐成绩好的学生，忽视后进生等行为，这些都是不可取的。教师要因材施教，多提一些让全体学生都可以答上来的问题，让后进生也可以享受回答问题的乐趣和成就感。针对程度相对好的学生可以把问题设计得有层次感，在浅层问题的基础上继续追问，让学生深度思考下去。一个层次的学生的输出可以作

为下一层次的学生的输入。从而，才有可能在教学过程中真正实现面向全体学生。

3. 双边性原则

英语课堂是一个师生互动，彼此沟通，相互尊重的双边活动。教师不可以在课堂上唱独角戏。提问不仅是教师的特权，也可以是学生参与课堂的一种方式。教师不但要通过提问、追问、纠正、启发、评价等引导学生思考，也要引导学生大胆地进行角色转换，让学生有质疑的权利，提出问题并尝试解决问题。除了教师向学生提问外，学生也可以向教师发问，生生之间也可以互问。通过这样的角色互换，学生会用英语的思维去思考问题，创造性思维能力才有发展和培养的可能。英语课堂活动才能成为真正意义上的双边行为，甚至是多边行为。

（二）高中英语课堂教学的提问策略

1. 合理安排展示性与参考性问题的比例

教师为了考查对旧知识的掌握和新知识的理解，课堂提问多数是展示性的，展示性问题的答案一般都可以直接被学生找到。学生回答这样的问题，对思维的开发和训练显然是不够的。因此，教师应在课堂中根据学生的实际情况，不断地调整参考性问题的比例。

（1）对于后进生，教师可以设计一些记忆性的问题，如知识概念的记忆，原理公式的理解，要求学生就一些简单的知识进行分类和对比。但提问时要注意，简单问题的使用频率不宜过高，因为这类问题都是浅层的理解，学生学会后忘记得比较快。对于中等生，占班级绝大多数的学生，教师要选取能提高班级整体水平的有效问题，要把握好问题的难度，多问一些特殊疑问句式的问题。对于优等生，教师的提问要以灵活运用知识为目的，培养学生运用知识解决问题的能力，为难题做好铺垫，深层次地挖掘学生的理解力。

（2）有些老师选择展示性问题的原因与其自身的综合素质有关，尤其与教师的课堂把控能力的高低有关。因为参考性问题的答案是开放性的，学生会说出各种各样的答案。有些教师由于自身专业水平有限，很难掌控课堂，很难准确地评估学生的答案，更不能自如地指导学生进行进一步的讨论。所以，提高教师的综合素质是改变课堂提问类型不合理比例的最根本方法。

（3）教师的观念需要改变。语言技能是语言运用能力的重要组成部分。语言技能包括听、说、读、写四个方面的技能以及这四种技能的综合运用能力。有效的课堂提问可以帮助提高学生的听力和口语表达能力，教师需要有提问意识，更要改变传统的提问观念，培养学生全面的英语运用能力。

2. 依据具体情况把握候答时间

展示性问题候答时间相对短，参考性问题候答时间相对长。教师要充分了解学生的水平和能力，如果候答时间给少了，没有给足学生思考的时间和空间，会造成学生心理上的紧张和不安，以至于无法专心地思考问题，而是担心自己回答不上问题，从而降低了课堂提问的有效性。反之，候答时间给多了，不但浪费课堂的宝贵时间，让已经知道答案的学生觉得上课没有挑战，不能激发他们的学习动机。因此，教师就要在课前充分精心地备课，对于问题的类型、层次都要做到了如指掌，不但要备教材，更要备学生。这样才可以有意识地掌握候答的时间。难度高的题目教师要给足候答时间，让学生充分思考问题，有足够的时间去回忆、联想、组织语言。难度中低的题目，就可以节省上课的时间，少留一些候答时间。同时，教师根据学生的认知水平、反应速度、性格等方面的不同，对不同的学生设计安排不同的候答时间。

3. 提问要兼顾每一层次的学生

课堂提问应该坚持全面发展与因材施教相结合的原则。大多数的教师都喜欢采用齐答的方式。有些教师为了上课进度，专挑优等生回答问题。课堂提问的目的是为了检测学生知识的掌握程度，排名靠前的学生其实不提问也知道他们知识掌握的情况，而排名靠后的学生是最需要上课被提问，接受检查的。但是这些同学处于被动的地位，没有得到教师的重视。时间长了，后进生对上课不发言也习以为常。这样一来，最需要考查的学生一直都没有得到有效的检测，教学中存在的问题无法被发现，更无从得到解决了。

高中英语课程的必修课是为每一个高中学生奠定终身发展的共同基础的课程。因此，高中英语课程的教育教学要面向全体学生。但是由于学生的个体差异性，高中英语课程的教学设计要以学生的生理和心理特点为前提，对不同的学生采用不同的方法和手段。只有尊重学生的差异并满足不同学生的不同学习需求，才能真正实现因材施教，为学生的可持续发展奠定共同基础。

4. 了解学生，并进行反馈

教师对学生评价的单一性极大地降低了学生学习的积极性，并影响了课堂的有效性。学生希望得到教师的表扬和肯定，需要得到教师的认可，也需要得到同学们的认可。回答错误的学生也不希望听到教师的批评和责备。如果教师不会巧妙地进行反馈，准确地纠正和鼓励，会伤害到学生的自尊心。因此，教师要学会用适当方式做得当的反馈，保证学生在反馈中得到最大限度的认可、鼓励和信任。教师对于回答正确的学生，首先要表示肯定，可以使用各种肢体语言，如点头、竖大拇指等。

教师要及时地给予学生表扬和肯定，尽量不要使用笼统的表扬，最好说出具体哪里值得表扬。当学生的回答和你心里的标准答案有差距的时候，教师不可以着急，要循循善诱，给学生一些提示和铺垫，降低问题的难度，或追加几个问题，促使学生再次进行思考。当学生没有十足的把握回答对问题的时候，心中充满了不自信和担心。这时，教师要鼓励学生大胆地回答，不要害怕犯错误，让学生用想象和预测的方法来回答问题。有些学生心里清楚答案，但是表达能力不够，教师应帮助他们，只要他们说对一点，教师就要抓住机会给予肯定，让他们在回答问题时感到有成就感，从而在不断的尝试中取得进步。

5. 提高教师的提问意识

一些教师的提问很随意，目的不是很强，这就体现出了教师课前准备不充分。教师应精心设计和准备课堂上的每一个问题，明确提每一个问题的目的和作用。不但是备问题，更是备学生，对于每一个不同水平、不同性格、不同知识储备的学生，教师要想好每个问题的应答及应付突发事件的办法。针对不同的课型，教师也要有明确的目的以及期待的结果。课堂教学不仅仅停留在教师的提问上，更要让学生自己学会提问，学生和学生之间会相互提问。这就对教师提出了更高的要求和挑战，从而不得不促进教师加强对自身素质的发展，不断提高自己的教学水平和英语运用水平。

第二节　高中英语高效课堂教学

一、高效课堂的教学模式

"高效课堂"从本质上分析，应该是属于"有效课堂"的一种。而有效性是课堂教学最基本的原则，而在这个基础上更高层次的要求就是"高效课堂"。高效课堂，就是在教育教学中尽一切所能，最大限度地发挥课堂的功能和作用，在规定的课堂有效时间内实现教学目标，实现教学过程最优化，教学效果最大化。

（一）新授课教学模式

新授课教学模式即"自学—合作—展示—反馈"教学流程模式。

（1）自学：以学案作为指导，引导学生自学。学生进行自学的方式通常有两种：①学生先要理解学案学习目标，然后以学案内容为指导，对教材的知识和内容进行研究。学生自学过程中，要对学习中存在的问题予以标记。②学生通过探究性学习来学习教材，学生从导学案的问题出发，分析教材或者进行试验，对其中出现的各种情况进行记录和分析，通过自身研究归纳解答导学案中的问题。

教师应该因材施教因势利导，帮助学生根据学案提供的方法和要求来自我确定学习的目标、重难点以及方式方法。通过听、说、读、写等方式完成语言信息的输入和输出。在学生自学过程中，教师要注意观察和督促学生，促使其形成良好的习惯，提高学习效率。学生要敢于放开来学，积极思考，大胆发现，反复质疑推敲。预习任务包括：下节课要学习的内容；下节课的重点以及注意问题等。

（2）合作：组内交流。在学生完成了预习和自学后，肯定或多或少都有一些疑难问题，此时，个体学习就要转到小组合作。在小组内，每个人都把自己的疑难问题说出来，一一讨论交流，合作探究，各个击破。

（3）展示：展示点评。每个小组都选出代表展示本组的学习成果，然后进行交叉点评，纠正错误，加深理解，在需要的时候，由老师点拨。

（4）反馈：课堂考试，发现问题。老师可以根据课堂学习的内容，对学生接受程度进行考试，学生完成解答后，可以对照老师给出的标准答案，进行小组间的沟通和交流，并且对出现的问题进行统计，通过学生的自我检查和改正，将学习的方法、错误的原因进行集体研究，并将研究的成果在全体学生中进行公示。这个环节至关重要，是整堂课的升华。如何在几分钟内让学生把对本节内容的掌握程度完整真实地展现在教师面前，这需要教师在英语题上下大功夫。要让每一个练习题都起到作用，因此应该从浅显到深入、由简单到复杂，逐步提高，又要注意强调基础，还要重难点突出。

（二）讲评课教学模式

讲评课教学模式即"自纠—合作—展示—反馈"教学流程模式。

（1）自纠：给出答案，进行自我改正。老师根据考试的情况，适当地点评，并且给出标准答案，鼓励学生进行自我学习，找出自身存在的不足之处，之后老师要将学生自纠中发现的错误进行总结，然后进行公示。

（2）合作：分析错误，小组讨论。在小组内相互探讨和分析错误，找到错误的原因，纠正错误。

（3）展示：解释错误，给出修改后的参考答案。根据不同小组的讨论结果进行展示，老师应该从发现错误到改正错误的整个过程中发现学生存在的问题，并进行总结。

（4）反馈：当堂检测，及时反馈。对学生易错的内容再进行检测，对其中的重难点再予以强调和总结。

在练习和试卷讲评之后，学生还应该建立"错题集"，积累起针对每个人学习过程中各异的易错易混之处，以便学生在下次考试前有的放矢及时复习，真正把知识点落到实处。

（三）复习课教学模式

复习课教学模式即"自补—合作—展示—反馈"教学流程模式。

（1）自补：学生自学，发现自己的不足和存在的问题，并加以克服。这个自补的过程，可以与教师对上堂课的内容进行提问的方式相结合，在这个过程，不仅要寻找自身学习遗漏的地方，也要通过问题的解答对学习过的内容进行复习。

（2）合作：小组讨论，优化学案内容。自主复习之后，应该以小组为单位交流学习中的体验，然后根据交流来补充完善自身学案，并总结共同问题，对于不能够解决的要寻求老师的帮助。

（3）展示：成果点评，解决问题。每个小组可以对自己复习过程中新获取的知识以及尚未解决的问题进行公开展示，然后通过其他小组的点评和解答，提高学习效果，最终，老师要将知识进行总结，形成知识点。

（4）反馈：及时考试，发现问题。根据学生学习的内容进行检测，通过学生之间的讨论和沟通，来发现难题，并迅速解决。老师要将这些问题进行总结，然后公开展示。

二、英语教师在高效课堂中的角色定位

（一）学生学习活动的参与者和合作者

构建高效课堂，英语教师一定要转换角色，丢掉传统的授课方式，积极发挥学生的积极能动性和学习热情，不能够让学生作为被动接受的主体来进行学习，但是老师也不能够忽视自身在授课中的重要作用，对于学生遇到的问题不能视而不见、置之不理，而是予以指导和帮助。老师应该时刻与学生保持沟通，作为学生学习活动的参与者与学生共同讨论，通过发表意见的方式来传递正确的知识。另外，老师还应该对学生学习的整个过程进行关注，及时发现问题，给予帮助，有效践行教学相长的理念。

（二）学生学习活动的组织者

当前课堂教育应该重视自主式学习和探究式学习的贯彻。因此，构建高效课堂，应该将自学、探究与合作作为重点的原则。要保证过程中学生是自觉主动的，但是这种学习必然需要教师的正确引导。

首先，老师要引导学生形成学习小组，及时了解学生情况，通过小组共同学习的方式来提高学习效率。这个过程中，老师应该及时发现问题，并给予帮助。

其次，老师要充分地收集各种学习资料和知识，不能够仅仅局限于教材的内容，而是应该收集网络资源等信息，开阔学生的知识面，提高学生自学的能力。另外，老师必须对资源进行整合，以实现知识学习的目的，在这个过程中，老师是学生学习的导演，对学生进行指导和帮助，而不是学习中的演员。

（三）学生学习活动的引导者

在英语课堂教学开始之前，老师应该根据教材内容及学生的具体情况设计导学方案，明确学生学习过程中应该关注的内容，最终实现的目标，并利用问题，带领学生去学习和理解。在具体实践操作中，学生要使用什么样的方法，老师不能够过多地干涉。在高效课堂中，老师是引导者，这种引导是随时随地的，而且要隐藏在学生自主学习过程中，具体分为以下情况：

（1）学有所惑。学生通过学习来解答自身的困惑，学生在学习过程中发现了不理解的地方，老师要及时进行帮助和引导，通过疑问来调动学生的兴趣，让学生从疑问中获得新知，达到掌握知识和提高能力的目的。

（2）学有所阻。学习不是一蹴而就的，而是从点到面最终形成整个系统的过程，在这个过程中，学生必然会遇到各种问题阻碍学习的进程，一旦学生遇到问题而无法通过自身能力来解决时，老师应该进行及时的帮助。

（3）学有所偏。学生在学习过程中，很容易受到自己以往经验的影响，老师应该在尊重学生理解的同时，及时地引导学生理解不当之处。

（4）学有所限。受到自身能力的影响，学生思维经常会被局限，老师应该根据学生的学习内容和特点，来对学生的思维进行启发，学生的创新应该受到鼓励，实践应该得到支持，从生活中、从实践中，视野范围应该得到拓展。高效课堂中，虽然学生处于主体地位，主动权应该在于学生，教师的主导作用也不能缺失。适时的引导和点拨往往让人茅塞顿开。两者缺一不可。

三、教学对象在英语高效课堂中的角色定位

高效课堂应该引导学生转变角色定位，改变学生过去习惯性的学习模式，引导学生主动理解知识，探索疑难问题，发挥创造性。

（1）学生是自主学习的实施者。学生愿意自觉主动去学习是学习的前提条件，因此对学生来说，自主学习就是最好的方式。在学习过程中，老师应该对学生学习的自主性进行尊重，鼓励学生大胆创造和设疑，要自己来选择通过哪种方式学习，通过自主性来调动学习的热情。

（2）学生是合作学习的参与者。学生通过合作来进行学习，能够有效避免教师在教学中没法做到的面面俱到的问题，改变学生始终被动学习的现状。只要学生愿意参与到讨论活动中去，他们就是处于学习新知的过程。只要学生在讨论，就有可能获得别人的知识，补充自己知识的不足，并且通过竞争合作，在团队中实现学习；通过交流，让每个学生都得到知识的增长，感受到学习的快乐。

（3）学生是探究学习的受益者。探究式学习是学生在学习中，抛开老师的控制，自主地发现并解决疑难问题的过程和方式。在这种学习模式中，学生自己能够通过发现并解决问题来获得知识，培养探索精神，并且在合作中，能够扩展视野和思维面，对学生成长起重大作用。

四、推进高中英语高效课堂的重要性

（1）高中英语高效课堂研究的理论意义。高中英语高效课堂的研究是一个新兴领域，许多理论和实践都需要教育工作者们在探索反思中逐渐完善。有了教育理论的指导，课堂教育质量才有可能得到提高。同时，科研是教师发展的生命线，一个教师想要得到长远的发展，只有结合自己的教学实践，归纳总结拓展，达到一定的理论水平，教学才能技高于人。

（2）高中英语高效课堂研究的现实意义。课堂教学中存在很多阻碍学生学习的问题。很多老教师由于习惯了传统的教学模式，短时间无法迅速改变满堂灌的教学模式，不知道应该怎样在课堂教学中与学生进行信息互动和沟通，而很多年轻的教师，虽然能够迅速接受高效课堂的教学模式，但是其知识掌握能力不足，很多知识不能够实现有效的迁移和运用。

五、高中英语高效课堂的具体策略

社会发展的新形势以及课改的新要求，都明确了学生参与学习的主人翁地位，课堂教学应该让学生广泛地参与，锻炼学生实际应用能力。社会在进步，教育在发展。在经济全球化飞速发展的今天，高中学生在未来的发展中离不开英语口头和书面交流。社会实践证明：高中学生实际应用语言的技能是高中学生能否顺利就业的重要前提之一。可见，高中英语教师在教育教学实践中，创设有助于学生参与英语听、说、读、写过程的学习模式的重要性；因此，高中学校，在英语学习中，要设置与学生学习需求统一的教学内容和方式，让学生能够参与到英语实践活动中，提高学生英语课堂中的参与度，通过自主、探究、合作的高效课堂模式，来调动学生积极性，激发学生学习英语的动机，让学生通过感受到我要学和我会学带来的成就感和快乐感，全面提升学生对于英语的综合运用能力，为学生就业和求学奠定基础。

（一）创设有利于学生参与教学过程的情境

建构主义认为学习过程就是于各种情景的练习过程，因而在学习中，应该将学习的内容和与其符合的环境结合在一起，通过构建虚拟环境来实现学习。课堂教学效果的高低，离不开情景的作用，因此，在英语教学中，善于运用情景的作用，能够调动学生在合作和探究中的动机，让学习更加有乐趣。

1. 游戏化情境

通过对英语教学的实践调查发现，学习英语效果最好的时机是学生们感觉对英语有兴趣，希望使用英语的时候。教学实践也表明：只有学生拥有学习的热情，愿意参与到教学活动中，才能迅速反应，并且主动学习。运用游戏，能创设轻松的课堂氛围，点燃激情，激发欲望。

例如，在讨论肢体语言时，师生共同 Have a game：Make some faces. Invite one student to the front，say "make a fist /shake your head/make some eye contact/thumb up/cover your mouth". Then let the other students perform. 又如：在教授计量和包装的单词 "pound，bag，box，jar" 时，可以设计如下游戏：收集各种包装袋子或者是其他的包装材料，让学生自己填写单词，制作单词卡。然后学生将卡片放入需要单词内容的学生手中，速度快的一组获胜。如果速度相同就继续比赛。还可以让学生在黑板上写出卡片上的内容，速度快，错误少的小组获胜。通过这些游戏，让学生在快乐的环境中，动手写、开口说，并且运用英语与其他人进行沟通，这样的英语课堂必然会达到更好的教学效果。

2. 活动情境

为了能让学生感兴趣，教师要充分利用各种教学资源，为学生营造轻松有趣的课堂环境。例如，可以通过环境创设的方式来为学生模拟英语练习活动，可以组织英语模拟活动，让学生暂时进入全英语环境，可以布置"free-talk"：My favorite teacher；Our sports meeting；Christmas presents，Christmas dinner，Christmas turkey；Spring Festival. 通过这些与学生实际生活联系密切的话题来吸引学生，调动学生的兴趣，让学生在自己的表达和讲解中，不知不觉体会到英语的乐趣，提高自己的英语听说读写能力，英语课堂教学也必然是高效的。

3. 仿真情境

当前，科技进步，让教学活动能够应用的工具和设备逐渐增多，教学中的图片和动画等手段在表达方面的效果更好，相比传统的教学方式，新的工具在教学中能够实现更多的效果，例如情景的模拟等。例如在教学动词"fall off"（从……落下来）的用法时，播放一个小视频：一群孩子玩爬树游戏，一个孩子爬到最高处，一位临时赶到的母亲与孩子对话场面，让学生从中感受"fall off"（从……落下来）的真实语境。这些实际场景的模拟，让学生不仅感觉到知识的学习，更能够感觉到知识的使用，让彼此进行交流，并且锻炼运用英语表达的能力，进而提高其社会交际能力。

4. 音乐情境

音乐能够提高学习效率和学习效果，因为音乐能够让人感觉到兴奋，而人在兴奋状态下的学习能力是非常强的。如：教学过程中，可以通过学生喜欢的英语歌曲来配合讲解各种句型，还可以让学生尝试替换歌词，通过这种方式来缓解沉重的学习压力，让学生通过快乐学习就能够掌握知识点。另外，还可以充分利用英文歌曲来帮助学生识记单词。有的学生对记单词不感兴趣，但是对歌曲兴趣浓厚，而且还能提高听力。这样，学生有了学会的欲望，有了好奇心，才真正地愿意理解英语的知识点的作用，而且教学的氛围也能够促进学生对英语进行主动学习。

（二）设计符合学生兴趣的教学流程

教学不应该只是教师在讲解，学生在听和记笔记，更要有师生交流的环节，这样才能实现师生的共同进步。师生通过交流，来锻炼学生开口说英语的能力，培养学生用英语表达自己的信心，让学生能够通过英语来沟通和合作，这种沟通是英语课堂实现教学高效的重要途径。为此，高中教师应有效组织引导学生运用新知识畅通无阻地进行语言表达，提高语言能力。

1. 采用灵活的教学机制

高中学校强调融"教、学、做"为一体的教学理念，作为一线的高中英语教师，既有帮助学生愉悦地接受英语知识的义务，也有通过组织学生参与英语教学活动来掌握语言技能、技巧的责任。因此，高中英语教师要善于采用随机应变的机制，给学生提供展示自己的舞台。例如在学生犯了错误的时候，可以通过幽默的英语玩笑来化解尴尬，这个时候的英语表达能够迅速被学生捕捉并理解，而且记忆深刻。

2. 实现师生互动

课堂教学只有实现师生互动才能够提高该过程的效果和效率。语言有很强的交际性，所以学生只有在互动过程中才能提高语言交际能力。因此，在教学实践中，教师要以应用为导向，本着实用、够用的原则，从学生的实际出发，千方百计为学习者的语言交际活动构建平台；为学生语言应用搭桥铺路。根据现实情况，让师生重视学习应用新的知识，在提高交流能力的同时，提高课堂教学的效果。

3. 及时的教学评价

在课堂中，教师应该对学生的精彩表现予以肯定、表扬，尤其是当着其他同学的面表扬，对学生的激励作用是不可小觑的。表扬和鼓励会深刻影响到学生今后的发展，甚至贯穿其整个人生。通过这样的方式，能够有效增强学生学习和应用英语的能力，让学生不断地创新和学习。

（三）开展符合学生兴趣的教学活动

高中教师应顺应发展，整合教学资源，密切结合课堂教学与学生的好奇心，以学生的实际需求为出发点，组织丰富多彩的教学活动。如实训教学活动、听力训练活动、阅读教学活动等的科学、有效组织是提高教学质量的重要途径。

1. 英语实训教学

充分发挥一门语言的交际能力，这是对应用型人才最起码的要求。这就要求高中英语教师在英语教育教学实践中要充分利用实训基地、实训室、实训软件、多媒体等教学设施，加大实践实训课时比例，培养学生英语应用的能力。如学生大量接触和体验各类英文书信和邮件，那么在涉及书信邮件这一类任务的时候，学生阅读理解以及书面表达水平自然会不断地提高。如目前很多学校及企业在沟通和学习中，都是全英文的，很多学生对于

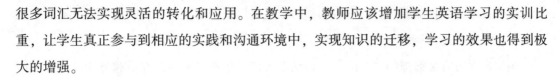

很多词汇无法实现灵活的转化和应用。在教学中，教师应该增加学生英语学习的实训比重，让学生真正参与到相应的实践和沟通环境中，实现知识的迁移，学习的效果也得到极大的增强。

2. 英语听力训练

英语学习过程中，最基本的四个项目是听说读写。听是首要的，因而听不懂就没有表达的可能，所以听力是非常重要的。人们在沟通和交流的过程中，有一半的时间都是在听，而说、读、写共占50%，由此可见听对于英语学习的重要意义。网络是现在很大一部分学生为之疯狂的东西，其实，网络也是对学习非常有帮助的工具，尤其是对于一门外语的学习，网络可以起到极大的帮助作用。网络上面存在非常多的听力资源，学生也具备了一定的上网能力，因此在英语教学中，教师可以通过网络资源来培养学生的听力水平，将网络资源与书本相结合，构建学生听力练习的广阔平台。例如，Special English 和 BBC 广播网站等，学生可以自主地选择这些节目进行学习，从中选择自己感兴趣的内容或者是与课本内容相符合的内容展开自主学习。

3. 英语阅读教学

由于国际交往日益频繁，国际投资规模越来越大，中国与世界已紧紧地连在了一起。阅读是了解国外信息，认识外部世界的有效途径，只有不断提高英语阅读水平，才能真正融入世界。在英语教学进程中，既要让学生学到知识，又要做到提高他们的英语应用能力。高中学校的英语教师无法向学生传授所有可能用到的知识，因此培养学生学习的能力非常关键。

例如，英语词汇，即使面对高考，教师也不可能教会所有的词汇，在一张试卷里总有几个生单词。因此在阅读教学活动中，就要提高猜词的能力，依据上下文推测词义的本事。如 Can I take a look at your minibus? 在这个句子中 minibus 是个新单词，但学生可以通过意思和词法有关知识，对其具体的内涵进行猜测和推断，bus 的实际内涵是汽车，而 mini 通常是作为一种前缀来使用，其具体内容是"小或微型的"，因此二者组合在一起的意思不难理解就是"小汽车或微型车"。

（四）建设自主、合作、探究式英语高效课堂模式

任何一门学科的学习，课堂的意义都举足轻重，因此教师应该充分利用课堂来引导学生自主学习。比如在课文学习过程中，可以让学生分别扮演主人和客人，进行实战演练。这样的教学形式，不仅能够活跃课堂气氛，而且很自然地让学生通过提问来进入学习的场

景，迅速全面地抓住需要掌握的内容。另外，还可以根据学生的兴趣，设计各种对话和讨论活动，让学生进行英语沟通。

例如在学习有关篮球的内容时，可以结合大多学生都了解乔丹在篮球方面的辉煌战绩和经历这一条件，用乔丹的故事来调动学生的积极性，然后延伸到 NBA 球星的有关内容，让学生用英语对喜欢的球队和球星进行评价和表达，并进行交流和辩论，通过这种方式来对学生英语听说读的能力进行训练，并且增强学生学习英语，开口说英语的信心和能力。

第三节　高中英语教师教学方式与师生互动

一、高中英语教师教学方式

（一）高中英语教学方式的特性与类别

英语教学分为本体、实践和方法三大层次，各个层次都有自己特殊的研究目标和内容，那么对英语教学方式的研究，就贯穿于这三大层次之中，它既包括教学的主客体与课堂教学实践，还涉及教学的条件与方法，亦即教师、学生、课堂教学、教学环境，等等。所以，从这个意义上来讲，高中英语教学方式可谓是貌似抽象实则具体、初看狭窄凝视深广、始观简单细究繁复的研究领域。

在英语中，人们较为流行英语教法或教学法或教学方法的提法，少有英语教学方式之谓。英语教学方式就是以系统性、程序性、组织性为基础进行语言教授的方式和方法，即以何种方式组织实施语言教学，实现较佳教学效果，它不仅关注英语语言及英语语言学习的本质特点，关注英语教学目标和课程标准，还关注师生个性特点、活动技能与类型等。

1. 高中英语教学方式的特性

（1）高中英语教师教学方式的多样性。在高中英语课程中，围绕教学，由于教学目的目标的复杂性，教学课程内容的丰富性，作为培养学生英语学习兴趣，增强学生英语学习动机，提高学生英语学习成绩，增进学生满意度，培养学生英语素养的教学方式、方法、策略，出现多样化的趋势。它们各式各样，各有千秋，异彩纷呈。教学方式主要包括讲授法、讨论法、自主学习法，比较引人注意的是直接教学法、个别化教学、问题探究教学法、合作学习教学法。

多样性教学方式是指教师基于其不同的学习目标从他们掌握的教学方式资源库中，选择不同的教学方式。它也意味着教师根据单独的课程或教学单元关联和使用不同种类教学方式。对于复合型人才，多才多艺的理想教师标准来说，多样化、多式态的教学方式也是灵活变化的课堂教学中非常需要的。根据不同的情况，英语教师积极发挥自我能动性，可挥洒自如"剪裁"不同情形的英语教学。

（2）高中英语教师教学方式的差异性。不同类型的教学方式有着不同的特点，而且不同的教学方式有着它们各自的适用范围，其间种种的差异性和独特性恰恰构筑它们得以存在的条件。通常来说，教师使用两类教学策略来满足班级所有学生的需求：一类是多元化的教学方式，另一类是差异性的教学方式。差异性包含两种意思：①基于教学方式本身之间的差异；②教师按照学生差异性特点，进行差异性教学。即参照教师适应于课程安排和教学方法的情况，这样，学生可以学至自身潜能水平。而连接多样化教学方式和差异性教学方式的逻辑在于有效教学和个体能力、智力认知发展的差异。

在高中英语教学中，教师可以根据教学内容、学生特点，利用教学方式的差异性，基于良性开展教学实践，把学生作为教学的主体，适应不同学生不同的需要，引导高中英语教学。

（3）高中英语教师教学方式的动态发展性。教学方式绝不是恒常不易的东西，它总是处在无休止的演进、分化、重组的过程之中，因为它变式繁多，从时间和空间的视角考察皆是如此。但人们的思维表达并不单单局限于此。教学的外在实施形式多种各样，老师们并不可能都说同样的语言，用同样的句型，用同样的案例等。相反，在基于学生的发展为本的思想明确后，教师们对教学理解的方式，在课堂中的教学行为方式，或者说引导学生发展的反思的根本实质内容却是变动不居、因人而异的。

教学方式，作为教育教学的一个子体，既秉承了教育母体的"人与社会"的功能，又具有当属其身自主的独立精神。它表现于教学参与者——教师和学生，也表现于教学目标、教学内容、教学方案，还表现于教学组织形式、教学实施方法等等，基于不同的分类标准，也形成了教学方式的诸多类型的称谓。这样，在形态上也就拥有了这各种"式样"的有形身体。然而，这副有形身体，作为一种物质形态的结构，一方面，在一定程度上保留体现了这种精神；另一方面，也在一定程度影响甚至禁锢了这种精神。

外在形式一旦形成，往往就会借助于某种惯性的力量，或是由于成功地适应了新的情势，而长久延续下来。从某种意义上说，教学方式即"运动的状态"和"存在的状态"的统一体。这种"运动的状态"将之列为教学方式运动的形式，即动态性这种"存在状态",可以视之为教学方式的发展性。

2. 高中英语教学方式的类别

英语教学方式大多是由英语教学方法层面进行研究讨论的。英语语言学发展史上尚无严格意义上加以界定的英语教学方式,在英文中也很难找到一个完全契合的单词。我国学者对其称谓常常有英语教学方法、英语教学法、英语教学方式、英语教学途径等。尽管在中文的表达中有所差异,甚至有的学者专门撰文解释如外语教学法与教学方法的区别,但研究涉及的内容范围大体一致,都是围绕作为第二语言的英语教学方式、方法、形式、办法、手段、途径等相关问题。

在世界外语教学史上,影响较大的主要有十多种教学方法,如语法翻译法、直接法、阅读法、口语法、听说法、视听法、认知法、交际法、全身反应法、沉默法、暗示法、协作法、自然法、咨询法、任务法、整体法、内容法、词汇法等。富有个性,多样化的英语教学方法,经过斯基拜克教育哲学分析整统,将之归为三类:古典人文主义、重建主义、渐进主义。其中古典型的代表是语法翻译法。重建主义强调口语交际,因此听说法、情境法便成其典型。而英语新课程标准倡导的任务型教学法和风靡很久的交际法则归属于渐进主义教学,它强调英语学习的真实语境,重视学生的交际能力。

我国新课程推行以来,主要提倡自主、合作、探究学习的教学方式,因此对英语教学方式不同类型的分类与归属,不同于对英语语言教法的划分。它围绕高中英语新课程理念下倡导的体验、实践、讨论、自主、合作、探究教学进行探讨,主要分为自主学习的英语教学方式、合作学习的教学方式、探究学习的教学方式。这种教学更加关注英语教学过程,强调英语教师的经验、感觉、个性等,以"看似无式,心中有式;看似无法,心中有法",将"有形化无形"的太极精神融入丰富灵动的英语课堂教学中。

（二）新课程理念下的教学方式

1. 合作学习方式

合作学习的教学方式是指教师和学生小组或团队在合作学习体系下,为了帮助完成某种特定的任务或项目性工作,在有明确的责任分工的互助学习中,教师施与指导性的教学行为或教学方法。其思想部分源自关注个体发展和社会发展的人本主义思想流派,它的重要目标之一是使学生感受悦纳之他人,美好之交际,幸福之合作。因此,教师要鼓励学生学会合作,发展与人沟通的能力。教师应该在以下四个方面予以指导:学生小组的组成方式、完成任务类型、行为规范、动机奖励体系。比如教师提供每个组员平等的学习机会,布置小组具体任务，明确队员与小组的责任与义务，评价基于小组整体的奖励体系，激发集体荣誉感。合作学习教学，不仅可以提高学生的人际交往能力和团队学习成绩，培养责任感，更重要的是能够以建立教育的相互依赖性，建构面对面的促进教学，从而达成学业目标以外的情感、态度、价值观目标。

此外，作为以第二语言为英语的高中生，英语教师给予其母语学习关注也会对英语学习大有裨益，可以运用一些激励高中生采用语用学的有效教学策略，像合作学习、讨论、同伴互助教学。常用的使用方法有学生团队小组分类法、小组思维分享法、拼图法、小组加速指导法等。

2. 自主学习方式

所谓自主学习，主要是指教师在力所能及的教学条件下，指导学生进行科学自主导向，在教师的关心帮助下，进行自我内部激励学习，并且形成学习自我监控机制，从而促进学生最大可能的自主发展。在这里教师必须加强对学生学习策略的指导，帮助他们形成自主学习能力。许多观察和研究成果证明，教师利用各种资源，促进学生有效自我发展的教学，通常多来自学生自主学习过程。教师在对学生进行自主学习的教学过程中，首先应该尽其可能地创设适宜于学生自学学习的情境与氛围；其次应该针对学生特点，以自身独特的个性魅力与方式，尽可能关照学生的心灵，对他们预期目标给予积极的期待，对他们达成的结果予以适切的反馈，使他们身心感受到自主学习的意义价值性，体验到自我效能感和成就感。

3. 探究学习方式

在英语课程中，探究学习的教学方式通常是围绕某个问题、项目、文本、材料等，英语教师指导、帮助、支持学生进行积极探究或主动构建问题的答案、文本的理解、材料的信息的活动或过程。它不同于传统讲授的教学方式，教师由原来的讲授转向指导帮助，学生由听讲转为主动参与探究或构建。按照新课标的要求，在活动和内容方面，教师在英语教学中应有意识地增加开放性、探究性的活动内容，从而为学生提供更充足的时间和更充分的机会表达看法与观点，进一步培养学生的批判思维、创新意识、创新能力。

探究学习的教学关注英语语言运用能力，要在语言实践中进行培养。英语教师力图使学生在课文中获取语言知识的同时，尽可能在英语学习过程中开放国际视野，获得独特的感受力、理解力、评鉴力。探究学习的教学方式，贵在引导学生发现问题，引发思考，从而逐渐培养其好奇心理及探索精神。

（三）高中英语教学方式的选择依据

1. 高中英语教学课程标准

高中英语课程的总目标是使学生在义务教育阶段英语学习的基础上，进一步明确英语学习的目的，发展自主学习和合作学习的能力，形成有效的英语学习策略，培养学生的综合语言运用能力。根据高中学生认知能力发展的特点和学业发展的需求，高中英语教学要鼓励学生通过积极尝试、自我探究、自我发现和主动实践等学习方式，形成具有高中生特点的英语学习的过程与方法。

高中英语新课标是高中英语教师择用教学方式的最直接统帅，是指导英语教师进行课程教学的最高司令官。它决定着高中英语学科的发展方向，涵盖高中英语的教学目标、教学内容，并且在后续部分提供了相关教学建议，因此必然成为高中英语教学方式的选择、运用的直接首要依据。

2. 高中英语教师与学生

高中英语教师是教师群体既普通又独特的一员，他们既有着教师共性的特征，也有着其独特的一面。除了在关系人生命运的高考教学以外，高中英语教师对未来社会的中流砥柱——青少年学习者英语水平的提高，英语人才的培养，都发挥着至关重要的作用。在英语教学过程中，作为教师个体，他们的个性特质、受教经历、人格魅力、课堂教学权力、英语课程意识、英语综合素质能力等等都将成为教学方式择定的参考依据。高中阶段是人一生最难忘的时期。在这段时间里，高中学生承载诸多的压力与动力，身体成长发育的同时，心理也逐渐开始成熟，独特个性也日渐形成。因而高中学生在英语学习方式、学习风格、学习水平、学习能力等很多方面皆有巨大的差异。教学过程是一个双边的活动过程，英语教师的教学方式必然离不开学生维度的考量，因此学生的具体状况，也是教师教学方式确定的重要制衡砝码。

（四）高中英语教学方式的运用

1. 依据情境而定

在英语课堂，教师采用哪种教学方式、如何教，取决于教师执教怎样的学生群，执教的学生究竟是怎样的状况，包括年龄、智力、风格、个性、学能、态度、动机、策略等在内从不可变到可变的连续统一体，还包括他们的已知和欲知。对于教师来说，取决于已知、信念与期望，取决于学生的期望，等等。简言之，在特定学校的特定班级，在特定的时间里特别的教师，面对特定的学生，采取怎样的教学方式教授高中英语某一特定内容，都应视教学情境、情形而定。

2. 彰显个性化教学

提到个性化教学，大多数人第一反应可能就是针对学生个性差异实行教学，以促进其素质潜能的充分发展。有人甚至还专门针对个性化教学的实践提出了四大基本属性：施教行为的人文性、人本性教育对象的个体性、无选择性展开方式的策略性、独特性培养目标的科学性和创造性。实际上，教学作为一种双边活动，在强调以学生为个性差异的同时，教学活动是教师主要行为的施行者，不可避免地打上个性的鲜明烙印。换言之，个性化教学，不应该仅仅局限在学生个性的范围内，也应该是富有个性特点的教师的个性化教学。

3. 改革传统的讲授法

方式是教师的方式，方式是教师来选择运用的，教学方式的变革和创新，必须积极重视教师这一实践主体者的综合能力与综合素质的提升。就算是相同的讲授法，不同的教师，或个性不同，或综合素质不同，或者特长能力不同，那么在应对不同的课堂情境，面对不同的学生的时候，其施行效果也是不尽相同，甚至大相径庭。多年以来，人们在评价讲授法这种教学方式方法时，有相当一部分人常常是就方式论方式，就方法论方法，即使有些人充分注意到教学目标、教学内容、甚至学生等，却往往很少虑及使用者的一些因素，如教师个性特质等。

讲授法在不同的教学阶段、不同英语教师使用上表现不同的层次水平，发挥不同的功能。在接纳先进、崭新、适宜的英语教学方式时，也要警惕其成为新一轮霸权方式和约束力量。如目前高中英语中常用的任务型教学，好像一提到现代高中英语教学方法或模式，言必称任务，而且也并不是说，只有任务型教学才能解决所有问题。换句话说，在传统与新生之间，绝不能有新而弃旧，并将之视为唯一正确、永恒的标准去全盘否定其他古老的教学方式，如讲授法。倘若如此，任何一种新的教学方式都有可能成为新一轮主宰的扼杀力量，这种危险，应该加以警惕。

（五）高中教师英语教学方式的发展

新课程推行以来，关于教学方式的改革与创新得到较大的突破与进展。深度教学，推理性教学，便是涌现其中独具特色的崭新的两类教学方式形态，它们对高中英语课程优质高效教学具有独特的意义与价值。

1. 高中英语课堂的深度教学

所谓"深度教学",是指教师借助一定的活动情境,带领学生超越表层的知识符号学习,进入知识内在的逻辑形式和意义领域,挖掘知识内涵的丰富价值,完整地实现知识教学对学生的发展价值。深度教学并不追求教学内容的深度和难度,不是指教学内容越深越好,而是针对传统知识教学过于注重表层的符号教学提出来的。它基于把握知识的内在结构,彰显教学的情感熏陶、思想交流、价值引导功能,对真正提高教学质量,实现学生的全面发展具有重要意义。

(1)深度教学的提出是基于教育学立场的知识观。众所周知,知识是课堂教学的主要内容,知识教学是任何学科教学活动无法回避的基础任务和基本目标。而课堂教学秉持怎样的知识立场,将直接决定课堂中知识教学的过程和方式,也决定着学生的知识学习状况与学习效果。长期以来,人们对知识的渴求以及对知识力量的确信,使知识理所当然、毫无疑问地成为传统教学的主要甚或唯一内容。究其根源,在于对知识的本体认识和理解。关乎知识,传统认识论认为知识是客观事物的属性与联系的反映,是客观事物在人脑中的主观印象,它是在实践的基础上产生又经过实践检验的对客观实际的反映。

简言之,一种"作为事实"的客观存在的知识,主要具有客观性、普遍性、真理性、确定性等特征。长久以来,基于传统哲学认识论的知识立场成为人们思考教育问题的重要思维方式。在我国,这种传统认识论使广大教师深受影响,并制约和支配着课堂教学活动的一系列开展。正是由于人们在知识教学的过程中秉持"事实取向"的知识观,从而使得教学方式带有明显的传递、灌输倾向。

深度教学是基于教育学立场的崭新知识观,这主要是因为,从解释人类总体的知识生产过程和规律来看,哲学认识论的知识观是一种合理的、本体论的知识观。这种本体论的知识观为教育理论和教育实践提供了理解客观知识的基本立场,即哲学认识论立场。但对教育活动中的知识问题而言,它缺乏教育场域特质的观照。教育理论关于知识的理解和知识处理,不能直接移植哲学认识论的知识立场;相反,需要确立教育学立场,因为教育理论家和教育实践者不以知识为直接的研究对象和活动目的,而以学生及其发展为研究对象和活动目的。

(2)深度教学的特征。深度教学是对传统教学的突破和超越,它反对教学的甄选功利取向,批判知识的硬性灌输和强制训练,倡导教学应关注学生的生命历程和生活境遇,重视知识在学生个体化世界的内在意蕴。深度教学具有不同于传统教学的以下特征:

首先,从教学目标来看,深度教学是一种发展取向的目标定位。在教学目标上,深度教学强调全面把握知识与技能、过程与方法、情感态度与价值观等目标，这和我国正在进行的新课程三维目标也是基本一致的。只有把一个人在体力、智力、情绪、伦理各方面的因素综合起来，才能使他成为一个完善的人。它以学生的发展为出发点，超越功利主义的目标限制，更多地关注学生的成长与幸福，克服死记硬背、机械讲授的弊端，紧紧围绕知识与学生的发展为中心，开展深度教学。

其次，从教学内容来看，深度教学注重与学生生活世界的联系。深度教学把教学内容看作是"经验性""实践性"的存在，而不再是视之为一种静态的、线性的、固定的知识体系。它突破了以往封闭的教学内容世界，关注学生的现实生活世界，将学生的生活背景、经历、境遇与生活经验相关联，挖掘知识在学生个体化世界的内在意蕴，帮助学生从"履历经验"的课程中思考、重组、整合，形成自己"具体的活生生的存在"的"生活经验"，从而最终实现知识的"普适化意义"向"个体化意义"的转化。

再次，从教学的过程来看，深度教学强调知识意义的生成过程。在知识的内在结构中，知识具有符号表征、逻辑形式和意义系统三个不可分割的基本组成部分。通过教学活动传递符号表征的知识仅仅是人类学习的第一步，而传统教学由于传统知识观的束缚，往往仅仅将学知之初的"符号表征"当作知识的全部，因而造成了知识教育的偏狭与局限。

深度教学强调知识的内核——意义的建构，打破了"传递符号表征知识"的藩篱，以丰富多元化的方式实现学生对知识意义的个体生成过程，建构多姿多彩的个性化的知识生活世界。

最后，从教学结果来看，深度教学能够唤醒和培养学生学习知识的兴趣，积极促进学生体验、感悟。兴趣的规律乃是整个体系随之运转的唯一轴心，当学生体验到一种自己在亲身参与掌握知识的情感时，就是唤醒少年特有的对知识的兴趣的重要时刻。当教学能够推动学生对已学知识进行体验，并且形成自己的感悟，那么知识的学习兴趣可能会油然而生。换言之，当体验之践、感悟之思开启了学生"与生俱来的精神之眼"的时候，就有可能形成了对知识真正的兴趣。

深度教学不仅关注符号特征的知识表层学习，更加关注逻辑意义、知识内在意义的个体深层建构，唤醒和培养学生学习知识的兴趣，积极促进学生体验、感悟，从而使学生从苦役般的学习过程解放出来，使机械、固化的知识转化为鲜活、灵动的生活音符与人生智慧。在深度教学中，学生快乐地学习，愉悦地发展。因此，在未来的教育世界，深度教学必将大放异彩。

2. 高中英语课堂的推理性教学

所谓推理性教学，它主要产生于观察的过程，来自教师自身的思考推理，对学生的感受和反应做出教师的判断与决策，用教师特有的方式来理解教学经验，探索课堂教学各种预期的产生和出乎意料的出现。随着时间的推移，他们对其课堂教学实践进行批判性的反思，以此来促进或改变原初的教学。推理性教学是有效形成教师如何构思、构建解释和进行课堂实践的基础。

（1）推理性教学支撑点。推理性教学主要有三大支撑点，它们是教师的知识、教师的信念、学会教学。其中教师的知识和信念是推理性教学的奠基石。学会教学是其核心。它们如同推理教学的三驾马车，共同拉动推理性教学前进的车轮。

学会教学最核心的本质在于认识、理解、拓展教师的推理，这也决定了复杂教学的长期发展过程。当教师清楚地说明为何以自己的方式进行教学，当他们在教学经验或课堂教学背景下对一般理论和方法进行反思，当与其他教师谈他们的推理时，就培养了某种认识，就能使他们发展活跃的推理。

推理性教学方式，并没有怀疑和否决其他教学方式方法，无论是传统讲授，还是自主、合作、探究教学，等等。然而这些认可的教学方式，没有充分地考虑涉及作为教师的独特之"我"在丰富多样的教学内容中，迥异的"学生"中，在与复杂的"教学"情境中相互作用时，经过审慎推理如何做出自我自由的教学决策。通常的教学方法一般忽视了作为教师独特个体，作为学生的独特个体，作为此情此景无法还原与复制的教学情境，唯一定格在"某师、某生、某课、某方式"的套用的逻辑思维。相对于推理性教学，他们的不足之处在于欠缺基于情境的、个体的、审慎的、活跃的推理。

（2）高中英语课程中的推理性教学。英语作为第二语言教学和作为第二语言的英语教师教育有着相当悠久的历史，而且在相当长的时间里人们往往都是从英语教学"方法"的视角对其考量，并对"最好的方法"形成较为普遍的认识。即没有最好的方法，只有相比较下最合适的方法。对于高中英语语言教学来说，任何一种方法，其本身虽无孰优孰劣之分，但让语言教学充满勃勃生机与活力的正是英语教师对自身善辩能力感的解释与运用。这种善辩能力感也正是推理性教学强调的活跃性推理。对于英语教师也需要形成与具体课堂情境和需要随机调整的教学决策。

因此，高中英语教师不仅要使用推理性方式进行语言教学，同时也需要为了语言中的推理性而教学。用推理性方式教学，可以说是某种策略，使教师思考并理解自己的教学过程与结果，促进学生更好地发展。为了推理性而教学，是教会教师推理的方法，示范和影响学生促其也逐渐学会推理性的方法。因为老师想要成为具有高超技艺教学法的使用者，他就应该积极深入地研究语言中的推理性，细致进行课堂观察，认真反思教学结果。

关于深度教学与推理性教学需要注意三点问题：①性质。正如在谈及深度教学的特征中说明的一样，它们都不是任何简单而单一的教学方式，因为在真实的英语课堂中，不可能有单一的教学方式，或者没有一种最有效果的教学方式，综合性是它们共有的特点。②关系。深度教学与推理性教学以及其他教学方式之间常常具有重叠性，它们之间往往相互渗透，相互包含，甚至在很多的时候往往很难完全严格明晰地分开。这和教学的复杂性、灵活性有着巨大的关系。③终极目的。在课堂中，英语教师无论选择并最终确定使用哪一种或者哪几种教学方式，其终极目的都是为了实现高中英语优质高效课堂教学，促进学生全面个性发展。

二、高中英语课堂师生有效互动

（一）师生课堂互动的条件

1. 课堂物质条件

课堂物质条件主要指课堂环境下与英语教学有直接关系的有形因素，主要包括以下方面：

（1）班额。英语教学是以训练学生的语言技能为主要目的的教学，因而教学过程中必须保证学生有足够的练习时间和机会。班额太大会减少学生的练习机会，教师也难以得到有关学生语言学习方面的反馈，小则有利于教师检查、调节和控制教学活动。因此要想有效地组织课堂互动必须把班额控制在一定的范围之内，否则英语课就会变成讲座课，交际能力的培养最终会落空。

（2）座位排列要有利于课堂互动。英语课堂互动的组织形式多种多样，有小组活动、对子活动、分排活动、分行活动、角色扮演、游戏等。这些活动要求不断地根据具体情况调整学生的组合方式，因而座位最好以列和行的形式排列，必要时可随时移动。各列之间应有一定的间隔，以便老师随时巡回指导，获得反馈信息，调整组合方式，改变活动形式。

（3）丰富的教学媒体。这里所指的教学媒体主要是指储存和传递信息的工具。英语教学主要是通过语言信息的传递培养交际能力，在这一过程中，须借助于有声媒体录音、收音、电视等和图像媒体幻灯、投影、图表、电影、多媒体等，辅助语言教学，创设语言情境，使语言操练在真实或者半真实的情境中进行。条件允许时，还可通过人机互动进行语言训练。

2. 师生心理条件

课堂互动是教师与学生、学生与学生相互作用、相互影响以达到教学目的的一种课堂活动方式，与传统的"给予式"教学模式有着本质的区别。教学过程中师生的心理状态对课堂互动有着重要的影响。对于高中英语教学而言，教师的心理因素主要涉及四个方面：一是教师要降低权力需求，主动接受反馈信息；二是引导、鼓励学生参与，容忍并适度校正学生的语言失误；三是肯定学生的进步，使学生获得成功的体验；四是培养学生的心理优势，多给学生表现的机会。

学生的心理因素包括五个方面：一是主动参与语言活动的心向，做参与者不做旁观者；二是有合作意识，既要与教师合作，又要积极与同学合作；三是中等程度的焦虑，既要消除过分焦虑对语言表达的干扰，又要有一定的焦虑度，以提高语言学习的效率；四是提高自我校正意识，捕捉教师和同学语言交际中的有效信息和语言亮点；五是有强烈的表达欲望，尽量使内部语言表现为外部语言。

英语课堂互动不仅是一种课堂活动方式的改变，它同时还渗透着现代教育观、学生观、教学观、学习观的价值取向。纵观传统的英语教学，它和课堂互动在价值导向上有根本的区别。在制定课堂互动评价标准以及对课堂互动实施评价时，要尽可能避免套用传统的评价标准，来否定课堂互动中有利于学生发展的积极做法。

（二）师生课堂互动的实现目标

具体而言，高中英语课堂互动教学模式的实施力图实现以下目标：

（1）促进学生积极参与课堂教学互动，提高英语课堂教学的实效。高中英语课堂互动教学倡导积极的人际关系，强调学生主动参与教学活动。将课堂教学形式从单一的全班教学转向全班教学、小组合作学习和个人自学等形式的合理组合，形成互教、互学、互帮活动，并且重视小群体内部和小群体之间相互作用式的动态活动。这些不同形式的课堂教学互动能够吸引学生的兴趣，使他们参与其中，在互动中完成学习任务、获得知识能力。因此，本教学模式的实施旨在促进学生积极参与课堂教学互动。同时，高中英语课堂互动教学也倡导优化教学手段，调节师生关系，力图以尽可能少的时间投入和精力消耗，让学生获得尽可能多的英语知识与实践经验，以提高英语课堂教学实效。

（2）促进学生英语综合运用能力的发展，培养积极的学习情感态度。英语是一门应用性极强的科目，英语语言综合运用能力不是靠死记硬背形成的，而是在实际应用中获得的。高中英语课堂互动教学模式的实施，期望通过大量的课堂交互活动，为学生创造尽可能多的语言应用机会，促使他们在应用中掌握各种英语语言技能，形成积极的英语学习情感态度。

（3）促进学生主体性的发展。在互动教学中，课程内容的掌握仍是重要的，但课程内容掌握本身不再是教学的目的，而是成为建构学习主体的手段。教学过程则成为发展与增强学生主体性，培养具有主体意识与主体能力的、全面发展的学习主体的过程。因此，高中英语课堂互动教学模式的实施，不但力求完成培养学生语言技能和良好的英语学习态度的目标，更要实现发展学生主体性的目的。

（三）师生课堂互动的模式构成

根据教学模式的构成，理论依据是基础，教学策略是教学过程中的方法和措施总和，教学目标是核心，它是教学评价的标准和尺码，影响着教学模式的操作序列和师生组合方式，任何教学模式都要指向一定的教学目标。而课堂互动教学模式是以师生在教学过程中的一切交互作用和影响为主线的，它的突出特点就是"互动"，而且每一种教学模式都有其特定的逻辑步骤或操作序列。各种教学模式的操作序列都是参照该模式的基本思想来构建的。高中英语课堂互动教学模式的操作序列要体现的基本思想是课堂互动教学必须使学生实现从在教师的促使启发下进行学习，逐渐发展为在教师的指导帮助下进行学习，进而发展为学生之间能够相互合作通过互动进行学习，最后发展为学生自己能主动地、创造性地学习，从而培养学生的语言应用能力和积极的学习情感态度，也就是操作序列必须体现启动—联动—能动这一基本思想。在教学流程中，师生在设定的教学目标下，根据一定的教学策略，通过启动、联动和能动的互动，发挥每个环节师生共同完成教和学双向过程的任务，从而使所有学生都能主动参与课堂教学，摆脱了传统的模式，增加学生对英语的兴趣，提高课堂效率。

（四）师生课堂互动的操作序列

英语是一门应用性很强的学科，其语言技能涵盖面很广。目前，教育部颁布的《英语课程标准（实验稿）》把英语语言技能分为四类，即听、说、读、写四种技能，并明确指出学生应通过大量的专项和综合性语言实践活动，形成综合语言运用能力，为真实语言交际打基础。因此，听、说、读、写既是学习的内容，又是学习的手段。传统英语教学中有"听说教学法",它是以语言"听""说"能力为切入口来进行语言教学的,把"听"与"说"两种能力结合在一块训练,学生不是为了练习口语被迫说话,而是他们受听力材料感染,产生开口说话、表达思想的欲望和冲动。"听""说"相结合为学生提供了大量听力材料的语言储备,学生在丰富的语言储备基础上再进行交际活动,"说"就会变得顺理成章、有感而发和自然而然了。

鉴于英语教学中"听"与"说"能力培养的内在联系,将学生听说能力的培养结合起来,从培养听说能力、阅读能力和写作能力这三个方面来构建高中英语课堂互动教学模式的具体操作序列。这样本教学模式便可具体化为三个操作序列——着眼于"听说"能力培养的课堂互动教学操作序列,着眼于"阅读"能力培养的课堂互动教学操作序列,着眼于"写作"能力培养的课堂互动教学操作序列。除关注学生的听说、阅读与写作四种能力的培养外,这三个操作序列的实施都将突出学生学习主动性的发展与积极的英语学习情感和态度的形成。以下分别对这三个操作序列加以阐释:

1. "听说"能力培养的操作序列

由于受应试思想的影响,有些教师听力训练时总是采用高考题型,全是多项选择题,即人们常说的听力测试而不是听力训练,这样做不利于学生听力水平的提高。而此序列的基本操作步骤就避免了这样的问题,即布景引入—视听呈现—合作学习—角色扮演—自由讨论。

(1)"布景引入"。课堂上,如果一个学生老是听不懂,练习也做不对,他就会产生强烈的焦虑和压抑,这种消极情绪将会导致低下的训练效果。因此,要采取措施减少甚至消除学生的挫折感、焦虑、压抑这些消极情绪,使他们以无拘无束、轻松愉快的心情进入学习佳境。这可创设与听说训练相关的情境,让学生对将要学习的新知识产生浓厚兴趣和求知欲。具体指教师根据所听内容,利用问题、投影、图片、实物等进行巧妙导入,从而引发学生听的动机,其中也包括与听力材料有关的背景知识,英美国家的历史、地理、文化风俗、趣事等,关键词解释和听力技能的指导。如在"Festivals and Holidays"这课的"Listening and Speaking"中,先给学生展示收集来的东西方节日庆祝活动图片,让学生了解一定的知识背景。

(2)"视听呈现"。教师在听力课前熟悉电教媒体的各种功能、用途,并能在课堂上做到操作自如、灵活运用,使各种功能在教学的不同环节上发挥其应有的作用,这是上好听力课的一个根本保障。目前使用的电教媒体,一般都具有放音、听音、选择、会话和提问等功能,如能根据教学上的实际需要,尤其是不同层次学生的需要,将这些功能合理地利用起来，不仅使整个教学步骤、方式变得多姿多彩、生动活泼，还能人为地减少因学生听力水平差异而产生的各种问题。学生通过视听的方式对新知识有一定的了解，再分发相关书面材料。然后，在学生理解的基础上，模仿跟读录音。以对话为例，可先采用模仿跟读全部对话，接着轮流模仿跟读不同人的录音。

（3）"合作学习"。学生对书面材料进行小组合作学习，并在班级内汇报小组学习成果。如遇到一些填表和需要数学计算的问题，小组合作能更好更快地解决问题。

（4）"角色扮演"。学生根据自己的理解改编材料并进行角色扮演，且在全班汇报演出。如听了某服务行业的工作人员为顾客提供服务的用语后，教师可设一定的情景，让学生扮演类似的角色，把课堂上学的东西迁移到实际生活中去。如英文短剧角色模拟和配音。

（5）"自由讨论"。在这一过程中，教师应让学生听说结合，为了说得出，必须听懂。只有听懂了，才能接着说，以说促听，以听带说。学生针对与新知识有关的话题进行自由讨论，教师做总结性发言。比如给他们一些贴近自己生活的话题，谈论自己的见解，还可以开展一些趣味性的活动，如故事演讲、戏剧表演、辩论赛等。通过这些活动鼓励学生突破"开口难"这一关，克服他们的恐惧心理，进一步提高学生的口语能力。每一步骤进行时间的长短，教师可根据具体材料的难度和课堂进度的安排等因素来灵活决定，但要保证"视听呈现""角色扮演""自由讨论"三个步骤有充裕的时间，以便学生充分锻炼英语听说能力。

2. "阅读"能力培养的操作序列

此序列的基本操作步骤为创景启发—独立阅读—互帮自学—组际交流—班内讨论。

（1）"创景启发"。创设与阅读材料相关的情境，让学生对阅读材料的背景知识有所了解，做到有备而读。以 Country Music 一课为例，由于文章在时间上的交叉及内容上的纵横，加上学生对美国音乐知识的缺乏，对文章很难把握。因此，教师可以通过多媒体展示相关的知识，激发他们的兴趣和热情，然后建构图式做语篇结构分析。这样，学生就能很容易抓住文章的主要内容，对主题的变化、发源地、歌手、乐器的变化理解就不会有问题。

（2）"独立阅读"。根据不同的阅读目的，学生可进行扫读、跳读、细读。扫读要求读者通过阅读文章的标题和每段的主题句，快速浏览全文，对文章的内容、结构和作者的写作意图有一个整体的印象。跳读是指为获得特定的信息而进行的符号辨认过程，课文的跳读一般都是围绕问题而展开的，读者带着问题，迅速在文章中找到有关问题的范围，提高其阅读速度。细读要求读者领会文章主旨，对文章进行深入细致的阅读，了解文章各段落的主要意思和段与段之间的关系以及文章中的一些细节。

（3）"互帮自学"。在个人阅读完毕基础上，小组成员互帮互学相关的意义段落，扫清语法词汇障碍，并找出疑难点。

（4）"组际交流"。学习小组之间交流各自所学段落中的语法词汇和难点，教师再补充遗漏。

（5）"班内讨论"。全班学生再次练习文章所学的重点语法、词汇，同时开展对文章内容的讨论。这一阶段的最终目的是让学生达到知识的迁移和升华，从而创造性地灵活运用语言。要求学生超越书本，发展创造性思维，创造性运用作者提供的知识和观点去解决问题或在其观点的基础上提出新的观点。教师可以引导学生以讨论或写作的形式表达个人的观点，例如，同意或不同意，喜欢或不喜欢，提出建议或解决问题，评论文章中的人物，想象故事的多种结局等。这样学生可以发挥丰富的想象力，做出合理的判断和推理，发展英语思维能力和创造思维，同时训练学生创造性运用英语表达的能力。这个操作序列主要是为培养阅读能力而设计的，因此"独立阅读"的时间要充分保证。

3."写作"能力培养的操作序列

此序列的基本操作步骤为观景激趣—范文引导—口头造句—独立写作—互评互改。

（1）"观景激趣"。教师展示学生将要描述的对象，让他们对此有一个直观的印象。例如"Pollution Around Us"，教师给他们展示有关的文件、报告、法规、报刊文章甚至是漫画，让学生去阅读、分析，从中提炼获取必要的信息。

（2）"范文引导"。教师讲解分析关于展示对象的优秀范文，并找出可以借鉴和模仿的地方，看他们如何组织写作，如何运用词语和句子，从中学习一些写作技巧。因外语和母语的表达方式不尽相同，教师若不进行指导，就会出现大量的中国式英语。在学英语语音时，教师非常强调模仿，而在学习用英语写作时，却很少人认为模仿会有效。实际上，在写作时，同样应提倡模仿以英语为本族语的人所写的东西，如教他们如何扩大词汇量和英语惯用法；教他们掌握范文中相关的英语基本句型，尤其是动词句型；教他们动笔前如何分析材料、审题；教他们如何利用展示材料的知识背景；教他们用不同的词和结构表达思想。

（3）"口头造句"。小组同学根据所要描述的对象进行构思，采用小组头脑风暴的方式，三五人为一组，各摆出自己的想法，集思广益，取人之长，补己之短，通过口头造句，熟悉写作句子。

（4）"独立写作"。学生根据口头造句环节中的句子积累，提纲拟就后，个人完成自己的文章，独立完成写作，教师个别指导。

（5）"互评互改"。修改是写好作文的前提。在写作完毕后，首先向学生展现作文评判标准，如分档和分值；检查体裁，看文章的格式布局、开头和结尾用语是否正确；检查要点是否齐全，字数是否符合要求；检查语法是否有错误，可建议学生写作时参考教科书或一些有关语法资料，或者向他人求教；检查拼写、大小写、标点符号及词形变化是否正确，行文是否流畅，语言是否丰富。不应把重点放在拼写和语法结构上，而应放在它所表达的思想及表达方式上，看学生对材料的分析是否正确、有新意，文章是否切中题目，等等。小组同学根据固定评价标准互相批改作文，再欣赏本组优秀作文，最后教师推荐全班优秀作文。这样学生既是作者又是读者，他们通过批评性地阅读别人的作文，可以学到更多的写作知识和技巧，这种做法能使学生学得更深、更广，而且更活；此外，还可以培养学生的编辑、审校能力和组织、归纳总结能力。本操作序列主要目的是培养学生的写作能力，所以"口头造句""独立写作"和"互评互改"三个步骤的时间要保证充裕。

（五）师生课堂互动意识的提升

（1）强烈的目标意识。目标包括认知、情感和动作技能三个方面，是否达到预定的教学目标是衡量师生互动是否有效的决定性因素。在师生有效互动的课堂上，可以明显地观察到教师制定的目标是科学、全面、恰当的，师生互动紧紧围绕教学目标进行，师生达标意识强。

（2）精致的方法意识。在有效的师生互动教学中，教学方法创新而且有效，教师精心选择方法，精明把握机会，精巧安排结构。如采用先学后教，当堂训练的教学方法：

第一，介绍学习目标。上课一开始就告知学生，简明扼要，明确本堂课的学习方向和目标，教师不做任何说明和讲解。

第二，自学指导。通过投影明确学生自学内容，明确自学方法，明确自学要求。

第三，学生自学。这个环节中老师特别注意关注每一个学生的自学状况，确保每一个学生都紧张、高效地实施自学，对教师发现的学生自学中的问题要及时用各种方法去引导纠正。

第四，学生练习。自学后，检测学生自学的效果，用题来检测，练习题必须精心设计。

第五，引导学生更正，指导学生运用。

第六，当堂完成作业。作业典型，要围绕课堂教学目标出题，要分层次出题，让不同类型的学生都有不同的提高。可以有必做题、选做题，选择权在学生。在单位时间内，师生紧扣学习目标和任务，通过周密安排和师生互动、生生互动，达到预期的教学效果。因此，师生有效互动特别强调有效的教学方法，教师精心选择方法，与学生共同讨论、探究、学习，课堂完全是学生自觉的激情投入，他们爱课堂、爱知识、爱学习。

（3）合理的评价意识。教师能及时、充分地对学生的表现做出合理的评价，评价的方法灵活多样，并能根据教学信息的反馈随时调节教学。根据调查，绝大部分学生认为评价和奖励对于师生互动的有效进行很有必要。实践中，有效的师生互动课堂上不仅有教师的口头评价方式，还有评分制、奖惩制、学生自评等有效的评价方式。有效的评价可以在一定程度上制造课堂的竞争气氛，提高学生参与互动的积极性。

（4）愉悦的情感意识。教师在课堂上面向全体学生，尊重和相信学生，特别是善待答题有误的学生，并着力培养学生的学习兴趣、学习意志、学习习惯，注意非智力因素的开发。师生在人格上是平等的，在教学过程中地位是平等的，师生在课堂上都可以自由地发表自己的见解，甚至可以和对方展开探讨或者争论。师生之间相互交流、相互沟通、相互启发、相互补充，彼此分享思考、经验、知识。双方在尊重对方见解的基础上相互启发和合作。此时，师生的情感是愉悦的。

（5）多重的互为主客体意识。在人与人的交往中，人不只是主体，也会是客体，或者既是主体又是客体，人自身具有主体、客体的两重属性。教学过程中，教育者与受教育者在教学交往中具有不同的表现形态：

第一，共时性的互为主客体关系。在自由、平等、民主的教学交往中，无论是教师还是学生，他们同时既是主体，又是客体，通过交往互动，都以对方为媒介实现自己的目的。

第二，历时性的互为主客体关系。在教学交往中，随着时间的推移，交往的主客体会发生转化。历时性互为主客体是一个过程。

第三，单向的主客体关系。在某种特定条件下，教师是主体，学生是受教育的客体。他们的交往表现为单向的主客体关系。

第四，双重性的互为主客体关系。在交往过程中，甲是主体，同时既以自身为客体，是主体，是客体。也以自身为客体，同时又以甲为客体。这时，同时又以乙为客体而乙他们同时都是主体，又都在有效师生互动中，人们看到的更多的是双重的互为主客体关系。师生不仅相互发生作用，共同提高，同时他们也注意对自己的作用。

（六）师生课堂互动的教学对策

师生课堂互动的教学对策是在教学过程中教师和学生所采用的教学方式、方法、措施的总和。任何教学模式都必须在特定的支持条件下才能发挥效力，高中英语课堂互动教学模式同样如此。该教学模式的核心是"互动"，要使师生真正意义上互动起来，需要学生在情感上有主动、积极参与课堂活动的意愿，同时课堂上师生关系应是融洽的、轻松的，且课堂上应有可供学生参与的多种形式的活动，还应注意到由于互动教学活动相对较多，如组织不好，可能使课堂陷入混乱，因此教师应善于监控课堂教学进程，保证课堂互动教学正常运行。换言之，教学模式的实施需要构建能够吸引学生兴趣、调动学生学习积极性、融洽师生关系、维护良好课堂秩序的教学策略作为保证。具体如下：

1. 情境创设策略

情境创设策略是利用各种与新课内容相似的情境来吸引学生注意力和提高他们的学习积极性，以使其在上课之初就形成良好的互动心向的策略。注意是人们心灵的唯一门户，意识中的一切必然都要经过它才能进来。恰当情境的创设，容易引起学生的兴趣，吸引他们的注意。具有强烈的兴趣和高度的注意，学生才会积极参与课堂上的交往互动。具体来说，情境创设可通过以下三种方法进行：

（1）利用表演创设情境。如果新授课是一个故事性强的内容，教师可以设计表演在上课之前呈现给学生，使他们对将要学习的内容有一个初步定向。这样既可加深学生对新学习知识的印象，也可激发他们想亲自登台表演、展示自己的欲望，同时也吸引了学生的注意。

（2）设置疑点创造情境。"好奇"是引发个体注意力的一个重要因素，它可促使人完成许多超乎想象的事情。教师可借助学生的好奇心，在课堂互动教学中恰当设计疑点和悬念，使他们急于想知道谜底而又只能让其在一步步教学互动中逐步解开疑团。教师通过在教学进程中设置疑点，紧抓学生的注意力，吸引学生全身心地参与并完成全部课堂教学互动。

（3）利用图片、实物展示情境。教师可利用生动、形象、逼真的图片，把学生带入课文情境中，还可用连环画的形式把长段课文分解成一个个易懂的片段，降低课文的难点，突出语言的重点。图片和实物的展示建立了新旧知识的联系，并且从心理上拉近了学生与学习材料之间的距离。一旦学生与学习内容之间的"陌生感"消除了，他们就能在老师和同学"众目睽睽"之下大胆参与课堂教学互动。

2. 人际互动策略

在英语课堂教学中，教师与学生之间、学生与学生之间应该处于一种平等的地位，应该在平等中进行合作，不应采用竞争方式把某些学生的成功建立在另外一些学生失败的基础上，教师也不应该把自己的角色看成是一种特权，容不得学生染指。教师与学生之间、学生群体之间的互助互学，友爱互助，相互启发，不仅有利于资源共享，而且常常起到教师讲解所不能达到的效果。在以人际互动为取向的英语教学中，学生的主体地位得以体现，学习的积极性得到增强，学习内容得以延展。越来越多的教育者承认，与个人主义的学习方式相比，在学习中增加人际互动能够更好地提高学生的学业成绩。

（1）师生互动。从互动主体角度，把师生互动分为师个互动、师班互动、师组互动。在目前的英语课堂教学中，师生互动的主要形式仍然是师班互动和师个互动，所以适当增加师组互动比例是很有必要的。

（2）生生互动。

第一，结对子活动。在英语课堂中使用结对子活动，能给予学生面对面交谈和独立运用语言的机会，产生信息的交流，并且在双方的交互活动中获得反馈，给予修正，激起学生学习的兴趣。语言的新授阶段，结对子活动可以促进学生对语言材料的理解和对材料的初步运用，使学生在互动中学习，对于训练学生语言的准确性有帮助。在巩固和运用阶段，结对子活动可以使学生运用所学的东西做更高层次的"做"，用学到的结构进行有意义的交流，对于学生语言流利性的培养能起作用。教师可以根据不同的教学环节和教学要求组织结对子活动，以达到不同的目的。

第二，小组活动。小组活动适合量大、内容多、结构复杂、学生自主性强的活动，如角色扮演、讨论活动等。成功的小组活动有着其他活动无法比拟的效果，它能使班上更多的学生在同一时间内投入活动中去，更能营造一种互动的课堂效果和交互的情感气氛，学生觉得更自由，有更多更好的机会说出他们想说的话，也更有责任感，更能发挥自主性。不过在操作过程中，教师要注意小组活动人数不宜太多，4~6人比较恰当；小组以座位的自然结合为好，使每一小组都有较好的和较差的学生。小组活动时间以能让学生完成任务为宜，过长和过短都是不恰当的；小组活动前做适当的指导，提出明确的要求。指导小组活动时，教师应随时注意学生活动的动态，提供资源如语言结构和内容补充，做一些并不生硬但又必要的干预，把偏离主题的小组活动拉回到教师要求的方向上来。小组活动进行时不做错误纠正，但可根据具体情况在小组活动后提供反馈时向全班提出，或课后向有错的个别学生提出；小组活动后应选择部分小组向全班进行汇报，并由教师提供必要的反馈。

第三，个别学生对全班的活动。像采访、头脑风暴式的活动。如围绕课文内容一位学生向全班提一个问题，班级中一个志愿者站起来回答后问另一个问题，第二个志愿者接下去。这样从头到尾，组成一个完整的课文大意，可以极大地调动学生的兴趣。

3. 课堂管理策略

课堂互动教学管理策略是指在课堂互动教学中，教师为完成互动教学目标，维护互动教学活动正常进行而采取的措施和手段。具体来讲，适用于本教学模式的课堂互动教学管理策略有课堂突发事件制止策略、学生互动管理策略和课堂互动时间管理策略三种。

（1）课堂突发事件制止策略。课堂突发事件制止策略是高中英语课堂互动教学的一个重要策略。采用互动教学模式进行教学的课堂要比普通的课堂更难监控，因为学生参与课堂活动的机会比普通课堂高得多，虽然高中学生的自控能力较好，但毕竟有部分学生自控能力相对较弱，所以，为了防止课堂上学生之间的互动成为"乱动"，保证互动教学模式的正常实施，教师需要灵活处理课堂上的突发事件。制止课堂突发事件的措施分为"注视""要求"和"威胁"三个等级，每个等级又包括"公开"和"隐蔽"两个维度，把这两个维度与三个等级结合起来便总结出制止课堂突发事件的方法，它们分别是"隐蔽的注视""隐蔽的要求""隐蔽的威胁"以及"公开的注视""公开的要求""公开的威胁"。

第一，隐蔽的注视。教师劝阻的神情只有一个或两个其他同学注意到。

第二，隐蔽的要求。教师缓慢向学生移动，暗示学生采取理智的行为，使用的声音和方法只引起少数一两个学生的注意。

第三，隐蔽的威胁。教师靠近学生，告诉他如果继续错误行为将产生的后果；教师使用的声音和动作只有少数一两个学生注意到。

第四，公开的注视。教师大幅度的摇头动作使班上大多数学生都注意到了。

第五，公开的要求。教师用一种引起班上大多数学生注意的方式要求学生采取理智的行为。

第六，公开的威胁。教师告诉学生，如果继续错误行为将产生的后果；教师用大声的言语要求班上的大多数学生对此加以注意。

上述提供了制止课堂突发事件的一些具体操作方法，教师可根据突发事件的破坏性的轻重，选用不同的制止方法。如果教师习惯用"公开的"方法来制止学生的错误行为，可能会使其他学生产生焦虑情绪而影响他们参与课堂互动的积极性，因此教师要谨慎使用"公开的"方式来制止课堂突发事件。教师可以观察学生的个性特征，根据学生的反应灵活运用制止方法。在高中英语课堂互动教学过程中，大多数情况适合采用"隐蔽的"制止方式，因为"隐蔽的"制止方式容易使师生关系融洽，学生感到轻松、无压力，这些积极的情感会促使学生参与课堂互动。总之，选择何种制止方法取决于教师的智慧、对教学情境的了解和对学生认真仔细的观察，不能一概而论。

（2）学生互动管理策略。学生互动管理策略分为两个方面：一是建立课堂教学互动行为规范，二是合理使用领导者的权力。互动行为规范通常是为班内大多数成员所接受的，并且每个学生都有义务遵守的一种行为准则。在课堂互动教学管理中，建立课堂互动行为规范是课堂教学管理的一个重要策略。教师要与学生共同探讨建立课堂互动行为规范，规定课堂互动行为的尺度，让学生的互动行为在制度框架下进行。本规范要细致规定课堂上每种互动的开展环节，做到每种互动都"有法可依"。这样学生在课堂互动过程中，就可依据课堂互动行为规范进行活动，互动教学效果才会更好。

进行课堂互动管理还要求教师合理使用领导者的权力。在课堂互动教学管理中，教师既是领导者，又是管理者、组织者。由于角色和地位的优势，教师在课堂互动教学中拥有"较多"的权力。教师不能过度使用这种权力，这样会导致学生产生不安全感和抵抗情绪，因而不愿主动参与课堂教学互动；反之，则会导致学生在互动过程中自由散漫和目无尊长。这两种情况都不利于达到课堂互动教学的目的，教师只有合理地使用领导者的权力，在领导、组织、鼓励等工作方面尽量做到适度合理，才会使互动教学活动发挥出最佳的教学成效。

（3）课堂互动时间管理策略。课堂互动时间管理策略是为了保证各种教学互动能够在课堂上得以顺利、圆满实施的措施。在开展课堂互动教学的初期，学生的时间观念比较淡漠，教学互动所需的时间可能比较长。在一个较长的互动时间里，学生很容易做一些与英语互动教学无关的事情，这会降低互动教学的整体功效。因此，在进行互动教学之初，教师应该在教室内悬挂可供学生计时的钟表，并对每项互动活动提出明确的时间限制，要求学生尽可能在规定时间内完成互动活动。教师先可给学生足够多的互动时间，随着课堂互动教学开展，逐渐压缩学生的互动时间，在保证质量的同时加快学生的互动效率。这是一个循序渐进的过程，教师应该密切观察学生的反应，如果学生的反应轻松，则应加快；如果学生反应吃力，则应减慢。

（七）师生课堂互动的教学评价

提到教学评价，人们很容易想到考试与分数。其实考试只是评价的方法之一，分数也只是学生发展情况的衡量指标之一。只要评价者的思想角度不同，他就会有迥然不同的评价方法。恰当的教学评价是本教学模式正常实施的保证。高中英语课堂互动教学模式强调通过激发学生的学习兴趣，引导学生自主参与课堂教学互动，发展学生的主体性，培养学生英语学习情感态度，以提高英语教学成效。因此教学评价的重心是促进学生英语学习兴趣和学习积极性，肯定学生参与课堂互动的积极行为，而不是注重评定学生在某阶段获得了多少可量化的英语语言知识。基于这一思想，教学评价更多地注重对互动教学过程中学生的表现进行定性的评价，当然，也不完全忽视对学生英语学习结果的定量性评价。

1. 互动教学定性的形成性评价

定性的形成性评价方法在英语课堂互动教学中应用更广泛，对学生学习兴趣、学习积极性的促进作用更大，因此定性的形成性评价方法是本教学模式倡导的主要评价方法。它是在互动教学活动进行之中展开的，其实施要求是每一次定性形成性评价都要有及时的反馈，而且反馈一定要含有各项改正措施和程序，以便教师和学生为今后的互动教学任务做好充分准备。为了做到及时评价、及时反馈，定性形成性评价一般要求评价次数较多，评价内容和范围较小，主要是每个形成性单元的内容与目标。具体来说高中英语课堂互动教学定性的形成性评价方法有以下五种：

（1）课堂互动观察。在课堂互动教学过程中，学生要参与很多不同形式的互动教学活动。学生具体的课堂参与互动情况，活动效果，可以通过观察之后加以评定。

教师通过在课堂上观察学生参与教学互动的情况，及时了解他们在互动教学中的兴趣、情感态度以及互动过程中出现的语言问题。在收集到相关信息后，通过分析整理出每位学生的学习档案，提出存在的问题，并与观察者共同制定出相应的解决办法。教师在接下来的互动过程中，要监督学生的改正情况，及时为学生提出反馈信息，以促进学生更好地参与课堂教学互动。

（2）英语演讲、表演等的表现性评价。高中英语课堂互动教学过程中的一个重要互动形式是英语演讲或英语表演。学生的演讲或表演需要一套专门的评价指标，教师要根据具体情况制定一套评价标准，一般包括：能否有效保持观众的兴趣和注意力，能否正确使用修辞、吐字是否清楚，小组同学合作是否协调，面部表情是否适当，有无恰当的肢体语言等。表现性评价强调评价应在完成表现性任务的过程中进行，不仅要评价学生知识技能的掌握情况，更重要的是要通过对学生表现的观察分析，评价同学们在创新能力、参与能力、合作能力以及英语学习情感态度等方面的发展情况。

（3）学习档案。学习档案的建立以学生为主，教师应要求学生在一段时间内挑选出能代表自己学习情况的作业、表演评价记录表等材料，放入自己的学习档案中。到学期结束时，学习档案将作为本学期对学生考核内容之一。它不是简单的成绩记录，而是给学生提供了对自己学习情况进行监控和反思的机会，学生不再只是被评价的对象，他们也成为评价的参与者。这样可以提高学生参与课堂教学活动互动的积极性，培养他们的英语学习情感态度。

（4）问卷调查或面谈。使用问卷调查或面谈的方式可以及时了解学生的互动学习态度、互动学习情感、互动学习策略及英语语言知识方面的信息。它可以及时、有效地帮助教师了解学生，调整课堂互动教学的内容、形式及进度。在问卷调查中，教师要仔细分析总结每一份问卷的调查结果，找出学生在课堂互动方面存在的问题，并提出改进意见。面谈可在任何场合进行，时间可长可短，形式也多样。面谈中教师仍要重点分析学生暴露出的问题以及改进办法。教师可通过问卷调查及面谈这两种方式，分析课堂互动教学中存在的问题，以解决问题，提高英语课堂互动教学质量。

（5）学生自我评价。互动教学模式的基本精神是在互动中发展学生的主体性，让学生成为学习的主人。为了达到这一目的，除了让学生在学习过程中发挥主体性，还应该让他们在评价过程中表现主动性。学生自我评价将更直接地使学生由被评价对象转变为评价的参与者，使他们充分体验到每一点进步与收获，同时在自我反思、自我教育、激发内在动因的过程中，达到改进学习态度，增长知识的目的。自我评价可以从听说能力、阅读能力、写作能力三个方面进行，教师可帮助学生设计相关自评标准。

2. 互动教学定量的终结性评价

定量的终结性评价是在某一相对完整的互动教学阶段结束后，对整个教学阶段互动教学目标的达成度做出的评价。它要以预先设定的互动教学目标为基准，考察学生达成互动教学目标的程度。终结性评价的次数较少，一般是一学期两三次，在学期中途或学期结束时进行。终结性评价的内容范围较广，概括水平较高。高中英语课堂互动教学的定量终结性评价方法具体有以下两种：

（1）期中或期末英语测试。在一学期中或期末进行英语语言技能的综合性测试，包括考查学生语言知识点和各种语言技能，结果以分数或等级来表示。测试结果较能反映学生在这期间的学习成果，但教师仍须对测试进行客观的分析，不能以一次考试的成败论英雄。

（2）各种英语语言能力的专项测试。它们包括听力测试、口语测试、阅读能力测试和写作能力测试。这些专项性英语语言技能测试有很大的灵活性，教师可自选时间，自定测试内容，测试结果以等级来表示。一般来讲，这些专项测试内容少，可以与课堂教学同时进行。测试结果可供帮助教师改进课堂互动教学设计，改进互动教学策略。

第二章 对高中英语生态课堂的解读

第一节 生态课堂的构建与实施

一、生态课堂的构建

生态课堂要成为快乐的学习园地，使授受知识对师生双方而言均成为一种享受，则必须尽情地释放师生的生命力，从而激发课堂的活力，实现课堂参与因子的个体发展。教育是生态因子的精神生命活动的过程，教育中生命活动的最大特点就是存在一种可以使生命调动起自身的一切，去不断地创造、改善和发展生命的可能性，生命受到鼓舞后，便会因此收获丰富和充实的人生。教育研究重在凸现人的生命价值，教育的最终归宿，是对人生命价值的呵护和关注，是对人内在精神的唤醒和开发，是塑造一个精神丰富、滋润光彩的人，因此，要让课堂焕发生命活力。学生和教师都是平等的生命个体，理应在课堂教学的整个环节中体验正常的情感，获得自身生命存在的意义感。教师应尊重生命的多样性，努力地创造适合其成长的环境。

课堂教学是生命面对生命，彼此善待，互相珍视的场所。同时，课堂教学也应该关注教师的生命成长。对于教师而言，课堂教学是其职业生活的最基本构成，它的质量，直接影响教师对职业的感受与态度和专业水平的发展以及生命价值的体现。

为构建充满生命活力、体现人文情怀、闪耀智慧光芒、洋溢成长气息的生态英语课堂，本着促进生命健康发展的原则，通过建立师生平等地位，加强师生交流与互动，从课堂教学各环节体现生态课堂的优势，探索优化课堂生态环境的有效途径。

（一）生态课堂构建的总体思路

在舒适宜人的自然环境下，该课是一节基于文本解读，又超越文本信息重构新的文本的读写结合课。师生、生生交互合作、协同发展，维护着课堂这个微观生态系统的平衡。对课堂教学问题深入分析，把握整堂课的方向，努力完成教学内容，实现教学目标。在良好的班级氛围中，从信息的输入到信息的加工处理，最后到信息的输出，真正着眼于提高学生用英语获取信息、处理信息、分析问题和解决问题的能力，特别注重提高学生用英语进行思维和表达的能力，发挥每个学生的优势，在做中学，在学中做，人人都能积极参与课堂活动，小组成员的互助合作和最后的成果分享，充分体现了课堂内外的信息交流，这种开放和自由定能激发学生的学习热情，有利于构建良好的师生关系和生生关系，反过来为课堂微观系统的可持续发展提供更大的可能。

（二）生态课堂构建的基本原则

1. 生态课堂的整体性原则

生态智慧把整个宇宙生物圈看成一个相互联系、相互依赖、相互存在、相互作用的生态系统，主张人与植物、动物、地球之间的整体同一。人与其他一切非人类存在物不再是认识和被认识，改造和被改造，征服和被征服的实践关系，而是平等的对话、沟通、交流、审美的共生关系。生态课堂整体性是指课堂中存在着诸多因素，它们互相依存与制约，构成了一个微观生态系统的整体。师生关系、生生关系、教学活动之间有着千丝万缕的关系，课堂教学过程正是各生态因子相互作用并发挥其特有功能的过程，学生的生命在与生态环境的融合过程中得到全面的滋润和营养。

2. 生态课堂的多样性原则

生物多样性是指地球上存在着多种多样的生物类型，它们相互依赖又相互制约，使自然生态和食物链保持动态平衡和稳定。在生态课堂中，作为学习主体的学生在个性特征、认知水平、学习风格等方面都存在差异。高中英语课堂要实现的正是对每一个学生的教育和训练，而不是选拔少数学习尖子，忽视大多数学生，并能善于发现他们身上的积极因素，长善救失，激励上进。

3. 生态课堂的开放性原则

在自然生态系统中，系统与外界总是要有物质、能量与信息等方面的交流的，它的四面八方与外界都是相通的，都有能量或物质的进入与输出，开放性是生态系统共有的特征。生态课堂虽在一定程度上是一个不被外界任意改变或同化的独立课堂，但是，课堂教学环境、教学目标、教学内容、教学评价都具有开放性。学生的心灵也是开放而自由的，一味地限制束缚只会让学生处于一种抑郁的状态，失去对学习、生活的热情。开放能促进要素间的交流，交流能促进师生建立起良好和谐的关系，增加课堂参与者之间合作的机会，以确保师生双方均能从中获益。

4. 生态课堂的动态平衡性原则

生态学认为，在一定的时间内，在相对稳定的条件下，生态系统的结构和功能处于可调控的平衡状态。当系统达到动态平衡的最稳定状态时，它能够自我调节和维持自己的正常功能，并能在一定的程度上克服和消除外来的干扰，保持自身的稳定性。作为微观生态系统，课堂上的情况每时每刻都在变化，预设和生成永远是辩证的，灵活多变的预设才能应对课堂上突如其来的"状况"。生态英语教学观以动态与发展的眼光审视英语课堂教学，视外语课堂教学为师生共同探索如何提高英语知识与能力水平的过程。教师应在教学情境中及时对教学进行感知、判断和操作，按照教学情境适时地设计教学方案，动态地组织课堂活动，在实践中不断地调整，促进学生的成长与自身发展。

（三）生态课堂构建的目标

（1）知识目标。能够灵活运用所学描述环境的词汇。

（2）能力目标。能够总结、提炼出环境保护呼吁信的写作手法；能够根据阅读材料写一封环境保护呼吁信。

（3）学习策略目标。学会合作讨论，列写作提纲，掌握写作规律。

（4）情感目标。增强社会责任感，懂得动员社会力量来改善环境。

（5）文化意识目标。学习用写呼吁信的方式来呼吁保护环境的社会活动方式与责任意识。

二、生态课堂的实施

（一）生态课堂的课前准备阶段

明确教学目标，布置学生预习，用红黑两色笔在文中标注疑点难点。将座位编排成八人一组，组员围桌而坐，分组时综合考虑学生的成绩、性别、性格、爱好等；创设组名，例如：勇者无惧、智慧之光、梦花园等；明确分工，设立小组长，记录员，参谋长，点子员等。

（二）生态课堂的设计说明

预习、听课、作业也是一种客观存在的教学节律，按照"教育节律"的正常运转安排教育活动，体现主客观的统一。灵活编排座位，为课堂交流提供便利；建立有凝聚力团结协作的团队，兼顾个人、鼓励竞争，引导小组评价及课堂展示，最终汇总成果并给予奖励。

（三）生态课堂的教学步骤

（1）2 分钟演讲。背诵范文作为课前 2 分钟演讲的材料。加强背诵是储备语言很关键的一步，在教学中，让学生背一些常见话题的范文，在遇到相似话题内容的写作时，学生就不会"无话可说"。向学生介绍记忆特点及过程，画出艾宾浩斯遗忘曲线，揭示遗忘先快后慢的规律，指导学生背诵，这也是符合"教育节律"的。鼓励学生大胆演讲，主动成为学习的主人，培养学生在公开场合能有落落大方的仪表仪容，使用英语交流不拘谨。

（2）话题导入。通过 PPT 展示当今世界发生巨变的同时所带来的一系列新的威胁，包括环境与气候问题、战争与饥饿问题及 H7N9 等问题，视频欣赏迈克尔·杰克逊《地球之歌》，创设情境，鼓励思考，引出话题。丰富的图片能给学生带来视觉上的冲击，视频欣赏给人以心灵上的震撼，学生对此进行热烈讨论，积极思考当前引发环境严重污染的原因，也为阅读材料的引出做好铺垫。建立开放的课堂生态系统，为学生在课堂上提供接触自然，接触社会的机会，让他们懂得自身在生物圈及课堂微观生态系统中应有的地位和应承担的责任，有利于打破"花盆效应"的束缚，提高自身竞争力。

（3）读前预测。猜测在阅读材料中我们将处理哪些问题，旨在培养学生在特定的情景中预测文章内容的能力，注重对学生独立思考能力的培养。

（4）快速阅读。快速阅读要求学生在短时间内掌握文章大意，把握文章篇章结构及每部分主要内容。让学生关注相关信息，注重阅读方法和技巧的指导。

（5）小组讨论。讨论部分旨在帮助学生消化所学知识，灵活运用于实际的情景之中，及时解决阅读中的难点，为学生的阅读扫清障碍，体现人文关怀。采用抢答的方式，有利于调动学生的积极性，活跃课堂的气氛，正确地利用课堂生态的"边缘效应"。边缘效应以强烈的竞争开始，以和谐的共栖结束。小组讨论有利于学生全面地参与到课堂活动中来，尽可能地缩小边缘地区，尽可能地避免边缘个体不被重视的现象发生。教师在组间巡视，适当给予指导。神秘礼物的准备也满足了学生的情感需求。

（6）写前准备。明确要求学生预先做好社会调查，观察现实生活中周围人群在环保方面的所作所为，对其进行正确的个人判断，并提出富有创造性的建议，也为接下来的写作积累丰富的素材，为初稿写作做好准备。布置的任务控制在大多数学生的共同耐度、适度范围内。"耐度定律"是由美国生态学家谢尔福德于 1913 年提出的，生物的存在与繁殖都依赖于综合环境因子的存在，生物对每一种环境因素都有其忍受的上限和下限，上限和下限之间就是生物对这种环境因素的忍耐范围，其中包括最适度环境条件。

（7）初稿写作。环境保护呼吁信的写作，要求学生根据小组讨论的结果各自发挥想象力和创造力，把阅读中所学的知识运用于写作实践，并给予写作方法上的指导。小组讨论，合作完成主体部分的写作，在充分的语言输入之后实现有效的语言输出。让学生广泛接触和使用英语语言，才能激发他们学习的兴趣和动机，从而实现对英语语言的灵活运用。

（8）自我评价及修改。分享学生写作成果，教师呈现习作的评价标准，带领学生进行评价修改，要求学生根据教师课堂讲评修改作文的方式进行自评和他评，并根据同伴评改意见修改作文。写作是个人思想的表达，是交流的手段，满足了学生的交际需求。

（9）校对及成果展示。语言的各项基本技能从来就不是孤立的，学生可以通过听说来获取更多的信息，由此发现写作中存在的问题，并通过小组活动分享自己的写作成果，互相学习，学会对成果展示进行自评与他评，以期达到共同进步。

（四）生态课堂的课后总结阶段

书写教学反思，记录成功的经验，引起教学共振效应的做法；记录灵感的闪现，捕捉"智慧的火花"；记录感动之处，学生给予教师的意外惊喜；记录学生的成长过程，对学生加以赞赏和激励。根据课堂教学评价表，反思评价课堂教学得与失。

第二节 生态课堂的教学环境及优化

在一年的教学实践中，从自然环境、社会环境、师生互动、教学相长和评价方式等方面进行实验，努力探索优化高中英语生态课堂教学环境的有效途径。在实施了生态课堂教学后，实验班和对照班的两次成绩发生了变化，实验班有明显的提高。

一、生态课堂中自然环境及其优化

自然环境主要包括空气、光线、温度、湿度、颜色、声音、气味等自然因素和桌椅排列、教学媒体、实验仪器、图书资料等硬件设施，它们是维持教学正常进行的物质条件，是组成课堂生态环境的基本要素。教室的设计、布置、美化应本着协调化、教育化、现代化、自然化、人性化和特色化的基本原则,提高课堂环境的文化品位,充分发挥其在潜移默化中的育人功能。生态外语课堂教学观认为以往外语课堂教学观的根本弊端在于未能充分重视外界环境对外语学习者动机、态度、策略、方法与学习成效的重要影响,即使提及环境也是一笔带过,对教学的分析脱离了课堂的具体环境和条件。

课堂教学中教室是学生学习和发展的主要场所,精心设计并合理布置装扮,定期举行班级大扫除,经常开窗通风换气,使教室成为空气新鲜,光线明亮,温度适宜,颜色舒心的安静的学习园地是优化课堂生态自然环境的有效途径。在舒适的环境中师生充分享受着课堂带来的乐趣,生命在美好的环境中绽放着迷人的光彩。根据课堂的实际需要,尝试灵活地采用不同的编排方式,便于开展各种不同形式的课堂活动。比如在以传授知识为主的课堂中,会采用"秧田式",学生面向老师,易于控制,方便学生听讲;小组讨论时会采用"小组式",围坐的小组同伴可以通过合作讨论,共同寻求解决问题的多种方法,有利于学生发散性思维的培养和加强团队合作精神;讨论时会采用"圆桌式",没有先后和远近,大家处在一种平等的位置上交流,利于增强学生的信心,顾及到每个学生,加大参与面,能帮助那些内向的学生克服害羞心理,使每个学生都能落落大方,大胆地表达自己的观点;示范交流时会采用"会议式""马蹄式""扇形"等排列方式。

二、生态课堂中社会环境及其优化

课堂的生态社会环境是指在课堂生命体的社会化过程中起显著作用的生态要素,如班级规模、班级管理、教学目标、教学内容、课程安排、教学手段、教学方法等。当生态因素缺乏时,或低于临界线,或超过最大忍受度的情况下,会起限制因子的作用。即使其他因子的作用量非常适度,个体的正常生长也会受到明显的限制。美国的金叶虫的存活依赖一定的土壤湿度,特别是幼虫,湿度过大或过小都将对其产生致命的影响。我们的课堂也是如此,合理的班级容量和适度的教学内容才有利于学生的身心健康发展,过大或过小的班级规模、过多或过少的教学内容都会限制学生课堂获得信息的效果及能力。教育必须为社会主义现代化建设服务,必须和生产劳动相结合,培养德、智、体等方面全面发展的社会主义事业的建设者和接班人。根据这一教育目标,设定相应的课程目标,并在课堂教学中安排课时计划、教学进度,采用多样化的教学手段,除发展学生的智力和与学习有关的非认知因素以外,还要培养学生健康的审美观,发展他们鉴赏美、感受美、创造美的能力,这一切都与课堂社会环境密不可分。

　　社会环境的优化应为学生提供丰富的语言实践环境，在课堂英语教学中，常常介绍一些相关的背景知识，外国的生活方式和风俗习惯、文学艺术和价值观念等，创设形式多样的交际活动情境，激发学生的学习兴趣，开阔学生的视野，拓展学生的思维方式。不仅注意教材中的语言形式和结构，更要挖掘具体语言环境下的交际功能，制定合理的教学策略，处理好课堂教学中各因素的关系，转变学生的学习方式，正确地理解、选择并运用教学方法。虽然平时我们在课堂中常常使用 PPT 教学，但时间长了，学生也会产生"视觉疲劳"，难以集中注意力，因此，不断地运用不同的呈现方式，如适时地播放影音资料以吸引学生注意力，能激发学生的学习热情，活跃课堂气氛。比如在介绍词的不同种类时，播放《埃及艳后》《贫民窟的百万富翁》和《上帝也疯狂》片段，能让学生了解正式词语、口语化词语或俚语及普通词语的特点和区别，同时训练听力。另外，也可以在课堂上播放 CCTV-9 的新闻和旅游节目，让学生在享受视觉盛宴的同时了解时下最热门的话题并发表自己的观点。为了让学生全面了解生态环境和我们生活的这个星球，还可以给同学们看 BBC 纪录片。给学生提供丰富的知识信息来源，将课堂教学和实际生活相联系，教师和学生按照一定的要求组合起来，在一种和谐、开放、积极向上的氛围中，精彩地扮演着各自的角色。

第三节　高中英语生态课堂的特点及意义

　　课堂有广义和狭义之分。广义的课堂是指发生教学活动的各种场所，只要是有教学活动的地方，都可以称之为课堂，时间不限，空间可以是学校、家庭、社会。狭义的课堂是指在学校进行的教学活动中，向学生传递、转化教育知识，发展学生的智力和能力，培养学生品德促进其个性发展的场所。狭义的课堂只存在于学校教育中。从形式上看，狭义课堂教学和课外教学，都具有较强的组织性、计划性、目的性。从课堂教学的内容看，课堂知识包含所有的"教育知识"，那些从人类知识总量中选择出来的，以一定标准为基础的，反映人类最新研究成果的，符合学生认识规律和认识逻辑的知识。

　　构成"生态"的基本要素是生物与环境。如果没有生物和其生活的环境也无所谓"生态"。在"生态"概念中，生物与环境是相互依存的关系。一方面，生物存在于一定的环境之中，不能脱离具体的环境，不然就不能称之为"生"物，而是"死"物，在一定的环境中，生物是具体的不是抽象的；另一方面，环境也不是脱离生物而存在的，不是虚拟的环境，是生物生活在其中的环境。

课堂由教师、学生、课程、环境等要素构成，课堂中的生态主体教师和学生以课程为信息载体在不同的环境中相互联系着，具有多元互动作用，因此课堂呈现出一些本质的特征。

课堂生态不同于自然生态，在课堂生态中，教师和学生都具有主观能动性，课堂生态中的每个元素都无时不在变动，难以预料，比如：课堂时间的分配、师生关系、课程的进度都影响着生态课堂的构建。

生态课堂是以促进学生的生命发展为本的课堂，学生是一个完整的人，是一个具有自己的思想、个性、需要和各种各样能力的鲜活的生命个体；生态课堂以学生的发展为本，通过最优化、最有效的课堂教学活动，充分开发每个学生的潜能，使学生的生命得到自由发展；生态课堂不只是教师传授知识，学生不仅是掌握知识和技能，更要培养学生的创新精神、情感态度以及健全的人格。在教学中要关注课堂的生成，而不是仅强调预设性的目标。鼓励学生在学习中具有新的观点、想法，课堂是师生共同体验生命的过程，是共同成长的过程。

生态课堂不是与传统课堂毫无联系，不是"无中生有"的课堂。它是一种新的课堂范式，与传统课堂具有历史的继承性，表现为它与传统课堂具有一些共同的地方，比如：目的性、时空性等。但是生态课堂也有自己的特点，有自己区别于传统课堂的独特之处，比如：整体性、协变性、共生性、开放性。总的来说生态课堂具有以下三个本质特征：

第一，自然和谐。教师要积极创设有趣、民主、平等、和谐的氛围，引导学生在宽松的环境中学习，实现对本真生命的超越。

第二，生命灵动。课堂教学不仅仅是达到教学目标的活动，而且是师生生命共同成长的过程。课堂不但要对学生的思维进行锻炼，还要使学生得到发展，形成健康的人格。生态课堂是挖掘生命潜能，提高生命价值的过程，在课堂中，师生灵感互动交织，思维不断彼此碰撞，生命得到自由生长。

第三，整体、开放、发展。生态课堂的教学内容要着眼于"系统"，体现其整体性，要使教学中的知识点、学生的能力、情感态度、价值观统一在一起。这样，课堂才具有蓬勃的生机，各个环节紧密相连，生命不止地循环，促进人的全面、和谐、可持续发展。

一、高中英语生态课堂的特点

从课堂生态系统的角度出发，英语课堂教学不仅仅是教与学的活动，它包含了各个要素之间的互动，各个要素之间的物质流、能量流、信息流的变化。各种因子之间都具有复杂性、变化性、相互依赖性，某个微不足道的因子的变化都可能导致整个生态系统的改变，甚至影响其他某些因素的存在。因此，各个要素之间要在动态平衡中发展，不然，整个生态系统就会失去和谐。这也使英语生态课堂表现出自己内在的特征。与传统英语课堂相比，英语生态课堂具有四个特征：生命性、整体性、可持续发展性、主体间性。

（一）英语生态课堂的生命性

崇尚生命是英语生态课堂的基础，课堂教学的落脚点是师生生命的发展，在生态课堂中，不仅要看到高高在上的教师，更要关注学生的生命。

教师应尊重、敬畏学生的生命，重视学生的个性发展、全面发展。在课堂上，教师把学生视为完整意义的人，而不是知识的容器。教师抛弃功利主义，关爱学生，相信学生，使学生得到充分发展；教师培养学生美好的人性，塑造学生优秀的性格。在生态课堂中，生命比成绩重要，能力比知识重要，过程比结果重要，因此，教师对学生的管理不是命令而是商量，不是批评而是赏识，不是挖苦而是宽容……学生也会因此而喜欢上学习。

（二）英语生态课堂的整体性

生态课堂中，教师、学生、环境是一个有机的整体，相互之间是不可缺少、不可替代的，每个生态要素都具有不同的功能，各个要素之间具有内在的统一性。只有各个要素之间和谐发展，才能使整个生态系统处于和谐状态。课堂教学活动的完成是各个要素共同作用、相互协调的结果。它表现为：第一，教学目标的完整性。在英语生态课堂中，教学目标不仅是知识与技能的掌握，它还包括学习策略、文化意识、情感态度和价值观的培养。第二，教学内容的完整性。英语生态课堂注重课程与现实世界的联系，课堂教学内容不仅是为了考试，更是为了人的可持续发展。把教学内容看成是一个整体，与其他学科之间都有着密切的联系。第三，在学生评价方面，把学生看成是一个完整的人，英语课堂中，强调评价的多样化、过程化，注重评价促进学生的生命发展。

（三）英语生态课堂的可持续发展性

英语生态课堂中各个要素都是发展变化的，生态系统中能量的输入、输出存在着平衡、失衡的状态，课堂教学要促进生态主体处于不断进步之中，使学生的发展状态由平衡—不平衡—平衡不断地进步，在离开教师以后也能很好地发展自己。

教师的任务就是要不断地发展学生从学习中得到满足的良好情感，以便从这种情感中产生和形成一种情绪状态——强烈的学习愿望。英语生态课堂有利于唤醒、培育并保持学生的学习动力，它给予学生终身学习必备的基础知识，它防止由于学业负担过重而减弱学生学习愿望的现象，消减阻碍学生生动活泼发展的因素。它最重要的是使学生获得自学的方法、培养学生的自学能力，在漫长的人生旅途中，能够自觉、恒久地发展学习。

（四）英语生态课堂的主体间性

英语生态课堂要确立学生的主体地位，转变教师的角色，师生之间彼此互相尊重，教学过程是一种平等的对话、合作、沟通的过程。教师要抛弃"教师中心论"的影响，革除霸占课堂的习性，教师在课堂中的"前台"地位"隐退"到组织者、策划者的角色。充分确立学生的主角地位，让学生成为学习的主人，培养学生主动参与、主动思考的学习习惯。学生在课堂中享有充分的时间和空间，教师组织教学活动并适当地给学生以激励，推进学生学习的有效性，促进学生自主、合作式的学习。

二、高中英语生态课堂的意义

（一）适应社会发展要求

和谐与生态本质上是一致的。世界是一个大的生态系统，在人类活动与保护环境的问题上，人类应该重新审视与自然之间的关系，转变原有的思维方式和发展观念，以保护生态环境。课堂是一个包含教师、学生、环境的微型生态系统，有别于自然系统的生态系统。在这个系统中，如何更好地发挥各生态因子的作用是我们面临的重要课题，也是研究英语生态课堂的社会需要。

（二）满足学生发展需求

教育的最终目的是提高人的素质，发展人的个性、潜能，促进人的全面发展。由于人的潜能是不断开发的，在教学中要充分挖掘学生的潜能，培养学生的创新意识。从古到今，考试一直存在着，只要有教育的存在，就不可能避免考试，因为它有积极的意义，在一定程度上体现了教育的公平性。我们不反对考试，但是我们不能为了考试而去学习。所以，不能通过考试去激励学生学习，应构建生态课堂，通过课堂来研究生命发展的内涵。

在生态课堂上，教师要归还学生作为人的各种权利：尊严权、话语权、学习权、学习的自由和快乐、学习的空间。由于学生个性不同，成长的环境不同，决定了教育要因人而异，因材施教，张扬学生的个性，允许差异，宽容善待学生。注重学生的创新能力、实践能力的培养，学习由始至终的落脚点都是培养人，培养适应社会、适应世界并能影响社会、影响世界的人。从学生的内心深处，激活学生生命的灵性，使灵性的生命绽放出绚丽多姿的神采。

（三）遵循教育教学规律

传统课堂教学唯书、唯上、唯考试，从而使教师、学生的发展封闭、僵硬、服从。生态课堂要使广大教师从传统的角色中走出来，遵循教育教学规律，更新教育观念，认识到自身的责任和义务：课堂不只是教给学生知识，同时也是师生生命成长的过程，给学生足够的创造空间和发展平台，促进学生人生价值的实现。

（四）进一步深化新课程改革

新一轮的课程改革强调注重学生个性的培养，强调教育不仅要注重结果，更要关注过程。关注知识与教学生态的平衡性，关注同伴间的合作。生态课堂不是纯粹的教学活动，它本质上是一种生态化过程，是在环境、课程和教师的相互作用下，学生通过自主探究、合作交流等方式对英语意义建构的过程。这些要求我们必须关注英语课堂中各类生态因子的作用是否达到了最优化的联系。

第四节 高中英语生态课堂基本原则

一、发展能力性原则

发展学生的语言运用能力是高中英语课堂生态和谐发展的重要原则。高中生的认知发展能力和交际需求得到提高，因此，要进一步让学生明确学习英语的目的，营造合作学习的语言环境，鼓励学生恰当使用语言，增强用英语获取信息和分析解决问题的能力，在实践学习中提高语言综合运用能力。在此基础上，需要把握整合语言知识、技能、学习策略、情感态度和文化意识等要素。语言知识和技能是能力提高的基础，而学习效率和自主学习能力的提高则依赖于学习策略的灵活运用，情感态度的好与坏直接影响学生的学习和发展，文化意识则是保障语言运用的得体，所以，高中英语课堂教学以合作学习、自我探究和积极尝试等学习方式不断激发学生潜能，组织和实施英语教学活动以达到发展语言能力的目的。

二、真实性原则

高中英语课堂作为一个微观的生态系统应该追求实际的效果，不搞形式主义。课堂生态是一种实然的状态，生态系统中的各因子相互影响，互生共利，忽视任何一个因子，都将会导致课堂生态的失衡，不利于生态主体健康可持续发展。在高中英语课堂教学中，教师要意识到语言教学与学生生活经验结合的重要性。学生语言知识的获得，到交流技能的提升都需要在真实的语言情境中获取，与学生的生活经验相关，可以激发学生参与的积极性，让学生的语言综合运用能力在潜移默化中得到改善。因此，教师尊重学生和理解学生的生活经验，注重课堂生态的真实效果，显得格外重要。

三、教育性原则

高中英语课堂生态系统的教育性原则指的是对生态人格的陶冶。学生在教室里、在活动室里以及他（她）在校园所能看到的一切对于他（她）的精神面貌的形成具有重大影响。因此，对于高中英语课堂生态系统内部各因子的设计、调控，都必须考虑到它的正面教育意义。例如，对于教师而言，要以身作则，具有广博的知识和高尚的道德情操，学生在耳濡目染的课堂教学中能够感受到心灵的熏陶；对于生生之间也要处理好合作与竞争的关系，在竞争中求生存，在合作中求发展；良好的课堂教学环境对师生的有效参与、教学效率的提高和学生的身心健康发展同样具有重要的教育意义。

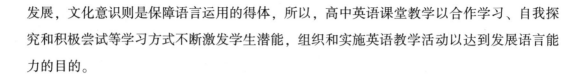

第五节 高中英语生态课堂构建策略

一、重塑英语教师形象，建立良好师生关系

在生态系统网络中，各个因子之间具有共生性、依存性、平等性。师生之间不是建立在"主体—客体"二元对立的思维模式上，师生之间是一种动态的、平等对话的"人—人"关系。

（一）建立良好师生关系的重要性

良好的师生关系是和谐、民主、平等的，具有生态性的课堂氛围，能激发学生的学习热情。如果教师一味强调自己的权威，无视学生的人格，师生关系紧张，必然导致不利于学生的发展。

良好的师生关系可以激发他们极大的学习热情，好的教师往往会对成绩落后的学生更多地关怀，不断地鼓励他们，对他们的学习抱有希望；而学生也以积极的态度回报教师，变得自强、自信。

（二）建立良好师生关系的关键点

1. 尊重学生的独特性

每个学生的生活背景不同，经验不同，他们都具有自己独特的文化个性，教师必须把人当人看，尊重学生文化的独特性，尊重学生的创造性，宽容学生的幼稚性。教师要做到真正浸入学生的文化，要学会用学生的文化分析学生的行为，深入地与学生接触。学生的生活世界与成人生活具有不同的一面，教师不仅要理解学生的文化，还要习惯于学生的文化，使学生的天性得到自然的生长。

2. 承认教师的主导性

发挥学生的主体性，并不意味着放弃教师的主导性。教师是教学过程的设计者、组织者，具有全局性的思想，只有在教师的主导下，课堂教学活动才能取得很好的效果。教师要不断提高自身的修养，教师不是去控制学生，而是培养学生的兴趣，使他们追求自己的理想。学生的自由发展需要教师的主导作用，不是教师的放任自流。

（三）建立良好师生关系的主要措施

1. 树立正确权威观

教师的权威不是学生的服从，教师应把自己看成文化知识的组织者，是为学生提供帮助的人。教师也要不断地学习，树立终身学习的观念，关注不断创新的知识。教师要淡化教育制度赋予的权威，努力加强与学生在交流对话中确立起来的真实的师生关系，用自己的人格魅力来影响学生，不断提高自身的业务水平，加强自己的品德修养，形成非制度的个人权威。教师对学生友好的态度、对工作的认真负责，自然会在学生心中树立高大的形象。

2. 时刻尊重学生

教育成功的秘密在于尊重学生。在教育改革大潮的今天，教师的职责不再是仅仅传授知识给学生，还要培养学生良好的人格，帮助学生树立正确的价值观，保护学生的身心健康。

教师尊重学生是教师对学生最起码的态度和行为，教师要尊重学生的人格、要了解学生的想法、照顾学生的感受。教师要相信学生的判断力和能力，即使学生有做错的地方，教师也要尊重学生的文化和个性，在此基础上处理其他问题。在教育教学中，学生只有感觉到教师对他们的尊重与信任，他们才可能敞开心扉，与教师进行心与心的交流。

3. 充分发挥学生的主体性

学生是英语学习的主体，但是在实际的英语教学中学生学习英语处于被动的接受状态，学习主体性不强，学生不能和教师形成良好的互动，学习的效果当然也不是很理想，因此要唤醒学生学习英语的主体意识，调动他们学习英语的积极性，使学生认识到英语的学习在个人发展中的重要意义，从内心唤醒他们的学习欲望，唤醒他们学习的主体性，对英语的学习产生永恒的动力。教师要改变以往教学中的"独白"，倾听学生的声音。只有师生之间的主体性都适度发挥，师生之间才能建立和谐的交往关系。

二、挖掘学生学习的潜力，提高教学的有效性

要想学生学好英语，关键一步就是培养学生的英语学习兴趣。英语新课程的一个显著特点就是与现实生活联系紧密，每个单元讨论一个话题，这些话题学生都很熟悉，教师只要精心设计，很容易就能引起学生的兴趣。

（一）精心设计导入

英语知识的趣味性是很强的，涉及范围很广，在英语教学中教师可以把一些新鲜的、奇特的英语实例引用到课堂中。

课堂的导入是教学的起始环节，它在一定程度上可以决定课堂教学的成败，影响着后续整个课堂教学的进行。

英语课堂的导入可以采取以下方法：

1. 利用影视，激发兴趣

新课的导入确定一堂课的基调，是成功的一半。新课伊始，学生的印象是最深刻的，好的导入方法可以很快地激起学生探究新知识的欲望，形成一种良好的学习氛围。比如在

教授 Beijing Opera 这一课时，教师可以以学生熟悉的梅兰芳京剧大师导入新课，利用图片和《霸王别姬》的京剧短片激发学生的兴趣，借用该京剧短片引导学生对京剧音乐和道具等相关知识的思考，然后结合图片分组比赛鼓励学生了解京剧。由于学生对梅兰芳和《霸王别姬》了解很多，这样学生就带着好奇心进入了课堂，引起学生的学习兴趣。

2. 利用歌曲，产生共鸣

歌曲是一种激发感情的艺术，欣赏歌曲的过程也是情感体验的过程，好的歌曲能够使欣赏者发生感情共鸣，还可以活跃课堂气氛。当优美的歌曲响起时，学生沉浸其中，就不会感到枯燥乏味，学生在欣赏音乐的过程中无形中增加了好好学习的力量，扩大了学生的视野，能够很好地培养学生积极学习英语的态度。从听觉和视觉相结合的角度接触音乐，将学习与享受融为一体。从生活与美学角度设计课堂活动，创设愉快的音乐氛围陶冶学生的情操，极大地调动了学生学习的积极性；上课中间，又让班上一名喜欢手风琴的学生表演 3 分钟，整节课下来，学生的情绪一直很高昂，教学效果也不错。

3. 利用谚语，加深理解

在教授课程时，首先给学生呈现两句谚语。导入自然，学生轻松地完成了任务，很快地投入学习中。

对于英语教师来说，引起学生注意，激发学生学习欲望的方法很多，但我们要注意的是在教学中培养学生对英语学习、探索的持久性兴趣，因此我们英语教师就要花费一定的时间和精力来准备教材、教学方法。

（二）运用"图式理论"教学

运用图式理论进行教学就是充分利用读者头脑中已有的背景知识和新的知识相互作用，学生对篇章不断进行解码，获取新的信息。激活学生的原有知识，解决学习中的新问题。在教学中，利用直观、生动的形象激发学生的联想，唤醒他们长时记忆中的知识，使学生能够利用原有的知识、经验同化当前的新知识，帮助学生学会运用知识解决具体问题，完成学习任务。

在运用母语的交流中，我们并不需要听懂每个词，我们会运用各种知识来进行合理的推测，比如我们听到教师说"一年之计在于春"，我们会很快想到下一句是"一日之计在于晨"。其实我们完全可以把这种母语的猜测、预期策略运用到英语的学习中，只是由于某些因素，学生的这种意识被压抑了，教师要努力唤醒学生已经具备的这种母语预测能力。

展示的问题都是关于文章的内容的，教师在听力课之前，可以让学生围绕这些问题进行讨论，预测听力中可能会出现哪方面的内容，教师组织学生采用头脑风暴法的形式，激活学生有关这些问题的内容图式。有了解决问题的目的，通过找出主要人物、回答问题的方式，训练学生在听力训练中捕捉重要信息的能力，形成对文章内容的理解和把握。学生带着目的去听，就可以做到有的放矢，很快地解决问题。经过整理、筛选重要信息进入学生的长期记忆中，在头脑中形成了图式网，增加听觉渠道的知识。

运用图式理论进行教学，通过提供、激活背景知识，使学生处于"兴奋"的情绪下，能够很好地运用学习策略处理输入信息，培养学生的学习技能，锻炼学生的逻辑思维能力。

（三）贯彻"少教多学"的原则

在探索英语生态教学过程中，精心设计导入、图式理论的教学策略都取得了很好的教学效果，课堂上学生处于兴奋状态，积极回答问题。"少教多学"就是说在教学过程中，教师要充分调动学生学习的积极性，承认学生的主体地位。

英语生态课堂的教学不是要求教师对知识的讲解面面俱到，而是要求教师认真研究教材，思考怎样把枯燥的教学材料让学生学习起来感到轻松有趣。教师的任务不仅是"传道、授业、解惑"，而且要培养学生的学习习惯，使学生形成有效的学习策略，在学习中形成良好的合作精神、自学能力，使学生真正得到发展。生态课堂是由"教"转变为"学"的课堂，使学生由"学会"转变为"会学"的课堂，在英语教学中培养学生的自学能力、探究精神是非常重要的。

三、打造良好的课堂教学环境

课堂环境是高中英语课堂生态系统的重要组成部分，对课堂教学活动起着重要的制约作用，课堂环境的差异对师生生态主体的教与学会产生不同的影响，英语教师要努力创造积极愉快的课堂环境。

教师对课堂环境起决定性作用，这种影响通过教师的个性、对学生的态度、教学内容体现出来，但是教师并不能掌控一切，教师可以采取教学措施保持稳定的课堂气氛。

（一）打造宽容的课堂心理环境

在课堂上，并不是让学生盲目地遵守规则，面对学生的错误观点，教师可以委婉地指

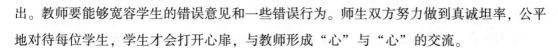

出。教师要能够宽容学生的错误意见和一些错误行为。师生双方努力做到真诚坦率，公平地对待每位学生，学生才会打开心扉，与教师形成"心"与"心"的交流。

教师的宽容、理解、尊重为学生撑起一片自由的天空，给学生的心灵成长一个无比广阔的空间。

（二）打造优质的课堂物化环境

1. 适当缩小班级规模，合理规划座位

班级规模直接影响到课堂的座位排列，六七十个学生的班级只能是秧田式座位排列，这种讲授式的传统课堂，非常适合于知识的传授，对于学生的情感、创造性的培养具有很大的局限性。如果班级规模较小，比如二十人左右，我们就可以把座位排列成马蹄形、V型或者圆形。座位排列的不同在很大程度上影响着教学效果。比如我们在上讨论课时，就可以采取圆形的座位排列，这样可以增加师生之间、生生之间的交流，有利于师生之间形成平等关系，消除座位上的主次之分，可以最大限度地促进学生之间的交往活动。在进行任务式授课时，我们可以对座位采取小组式排列法，这样可以更大限度地促进学生之间的相互影响，增强学生之间的关系，更好地完成教师布置的教学任务，学生的学习也会表现得更加积极主动，能够提出自己的观点想法。

2. 适当使用多媒体，辅助课堂教学

高中英语新课程提倡通过多种途径开发教学资源，改变学生的学习方式，从多种途径学习英语，增强学习的有效性，促进学生学习的个性化。多媒体教学能促进学生进行有效的学习，打破时间、空间的限制，促进学生个性化学习。学生可以根据自身的基础，选择适合自己的学习内容，有利于发挥学生的主体作用，促进每位学生在自身基础上的发展。

媒体可以为学生提供真实的历史资料，学生通过史料的学习更好地掌握学习内容，便于学生的记忆；媒体可以提供真实的情节、现象、模拟相近的画面，使学生和教师之间形成共同的经验，学生通过观察媒体提供的资料，形成表象，作为概括知识、形成概念的依据。

四、重视教学过程的动态生成

生态课堂认为教学是教师教、学生学的统一过程，是师生交往、共同发展的积极互动过程。教师通过与学生对话、讨论、合作探究的方式，充分调动学生的思维能力，把教学过程变为师生积极主动交往、共同发展的过程。学生在这种交往互动的课堂氛围中，体会到学习的重点、难点，掌握知识运用的能力，形成师生互动的活跃课堂。

动态生成是教学的本来面目，是生态课堂的发展规律。英语课堂的教学不仅要是动态的，还要创造出新质，取得飞跃性的发展。课堂并非静止的空间，而是一个特殊的师生生活和成长的过程，是人类的一种创造性的社会实践活动……课堂互动是课堂的本质特征，亦是课堂管理的重要任务。让学生在互动中体验到学习的快乐，在知识与思维的碰撞中促进学生的综合能力发展。在现实的课堂中，有些教师注重课堂的互动性，但是由于缺乏技巧，在学生的互动中并没有取得生成性的效果。

（一）教学过程中动态生成的教学策略

1. 在探究中生成

好奇心是学生学习的动力。在教学过程中，教师要注意培养学生的批判探究精神，教师要有宽广的胸怀，即使有时学生的观点并不科学，教师要宽容地对待学生。在探究中关注学生的经验、知识，教师不是为了把握教学的进度，而是为了学生真正能够有所收获。

2. 在预设中生成

预设和生成并不是对立的，如果没有预设，生成也就具有了盲目性，也失去了教育的意义。在预设中生成，要求我们在备课时多考虑学生的因素，重视学生的主体地位，为课堂教学留有一定的空间，使教学具有一定的弹性，为学生营造宽松的课堂氛围，发掘学生的智慧潜能。

3. 在体验中生成

在课堂上，教师要让学生积极地参与到活动中来，锻炼他们的能力。要让学生感受到自己是课堂的主人，而不是冷漠的观众。学生的积极参与，会增加他们的群体凝聚力，增加对课堂教学的认同感，参与的过程本身也是个体的成长过程。

（二）教学过程中动态生成的教学策略点评

1. 体现出三个维度的教学目标

正确把握新课程的教学目标，不仅关注英语知识和技能方面的要求，同时还关注教学过程与方法，注重学生的情感态度、价值观方面的培养。在教学过程中，智力只是完整人格的一部分，人的情感态度、意志、价值观在人的发展中起着举足轻重的作用。因此，生态课堂不仅关注知识、能力学生自身的显性要求，还要在教学中培养情感、态度、价值观，使三个维度的培养目标完美地结合起来。

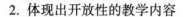

2. 体现出开放性的教学内容

教学内容不应该只局限于课堂上的书本知识，要善于运用生活中的各种教学资源，教学内容要与社会、生活相适应，善于利用学生的"旧知"实现向新知的迁移。

3. 体现出互动性的教学过程

教育包括知识内容的传授，也包括生命内涵的领悟、意志行为的规范。

课堂是师生共同活动的场所，也是师生对话、交往的主要场所。将竞争机制引入课堂，不断激发学生参与课堂活动的热情，在活动中给学生创设了充分发挥主体作用的思维空间，教师合理运用评价机制，实现了有效的交互性阅读教学。通过编故事、对话表演等活动，激发学生的想象力，让学生人人参与，大胆表现，促进学生采用自主、合作、探究的学习方式，培养学生解决问题的能力。

五、探究生态化的评价方式

传统的教学评价是一种选拔性、竞争性的评价，评价的主体主要是教师或者行政工作者，他们的评价虽然能够保证评价的方向性，但是也具有很大的不足，不能了解学生的内心世界。生态课堂作为一个系统，它不是封闭的，具有开放性，课堂上各个教学环节和教学活动的参与者都是生态课堂的因子，彼此之间相互联系，信息、能量和物质在彼此之间流动着，我们要鼓励各因子之间的交流互动。

生态课堂把课堂教学中的师生视为完整意义的人，生态课堂要求知识与技能的结合、过程与方法的统一、情感态度与价值观的平衡，要求对课堂中的"人"运用具有整体意义的评价方法。教学评价应该尊重价值多元性，评价是促进学生发展的手段，不是教学的目的，为了更好地促进学生的发展，使评价发挥其应有的作用，必须完善教学评价体系。

（一）生态化评价原则

在教学评价中要积极遵循三点原则：多元化原则，单一的评价不能测试学生的全面发展，特别是学生情感等内在的发展状态；情感原则，教师要关心学生的情感，重视学生的非理性发展，看到学生的闪光点；激励性原则，评价是为了学生的全面发展，要对学生的学习起到促进作用，为学生提供发展空间。

（二）生态化评价语言

评价语言要具有艺术性和激励性。教师对学生真诚的赞扬对学生具有巨大的鼓励作用，有利于积极、和谐课堂气氛的营造。

（三）生态化评价方式

积极有效的评价要贯穿于英语教学的全过程，要根据教学的需要创造性地使用不同的评价工具。

首先，对学生听、说能力的评价尽量采用行为表现法，教师在课堂上创设小组活动，尽量让学生多说、多听，教师在活动中观察学生的表现，对学生进行即时的评价，促进学生听、说能力的提高。

其次，运用电子成长档案记录袋评价，促进学生课外阅读能力的提高。它可以培养学生的学习自主性和自信心，学生也可以从依赖教师的讲解转变为独立自主的学习者，学生可以自己或与他人合作选出自己满意的作品。在使用档案袋评价法时，我们要注意选择档案袋的内容，在英语学习中，档案袋中所搜集的内容包括个人计划与努力、个人反思、师生的评价等。

最后，运用形成性评价促进学生写作能力的提高，比如可以利用同伴评价，在对学生进行写作检查时，可以让学生之间互相打分，教师在学生评价之后进行抽查，了解学生的学习情况。这样，既激发了学生的学习兴趣，又锻炼了学生的思维能力，教师的信任也会得到学生的回报。

这种民主的评价方式可以增强师生之间的信任感，学生在轻松的氛围中可以更好地展示自己，发挥出自己的实际水平，甚至超水平地发挥。国外对课堂同伴评价的研究表明，课堂中有效的同伴评价可以激发学生的学习和批判思考能力，因为科学领域需要跨学科的团队精神，缺乏同伴的不断评论，很可能妨碍现在和将来科学领域的工作。通过同伴的评论，评论者可以提高自身的思考能力，使自己的学习工作更加趋于完善，学生在参与评价的过程中，由提示和建议别人，转向学生的内在需求。

（四）生态化评价内容

要对英语课堂中的各个因子做出全面的评价，关注学生生态主体的全面发展，关注学生的学习方式、思维方式、感情等各方面的变化，既要注重对学生生态主体的评价，也要注重对教师生态主体的发展评价，教师的专业成长是影响英语生态课堂构建的重要因素，对英语课堂的环境变化进行评价，课堂环境变化与师生生态主体之间的变化才促成了英语生态课堂的动态发展。因此，基于生态学理论，复杂多变的生态因子才促成课堂生态系统可持续发展的良性循环。

第三章 生态视阈下高中英语课堂及其优化

第一节 生态视阈下高中英语课堂氛围的营造

一、课堂氛围基本认知

课堂生态学是以生态为视角，运用生态方法，坚持以生为本，在尊重生命主体价值的前提下，以突破和提高教学质量为目的的，有机整合一切生态因子之间协调运动的生态整体。

课堂氛围也称课堂气氛、课堂心理氛围，主要是研究在课堂教学情境中，教师、学生、课件内容、教学设备、座位摆设等各种生命体与生态环境之间的互动、共生的情绪或情感状态，可能为积极型，也可能是消极型的，亦有一般型的。

根据众多学者通过运用教育心理学和教学论，针对课堂教学的研究来看，教师如何教、学生如何学与所处环境中的物质教学环境和精神教学环境即课堂氛围互相影响。课堂氛围的分类，大体从秩序感、参与度和交流的层面来看可分为积极型课堂氛围、消极型课堂氛围以及对抗型课堂氛围。课堂气氛的优劣，直接或间接影响着师生主体的情感共鸣，也直接影响到教学效果。在教学实践中，并不能直接将某种课堂划分为某一类，教师们的教学精神饱满、教学目标明确、富有激情、善于引导，充满艺术感；学生思维活跃、学习有明确的目标、兴趣浓烈；师生间情感交融，互动互依，课堂活动顺畅有序，课堂氛围达到高潮，这是教师和学生群体一致追求的理想境界。

（一）课堂氛围的基本特征

课堂氛围的特征有情绪化、差异化、可塑性等。这也是课堂氛围这个载体能让一堂课死气沉沉，也可让这堂课变得有声有色的原因。人与自然环境之间除了有自然的物理与化学关联外，从生态心理学的原理来看，还有一种特殊而强烈的具有主观性的、内隐性的、动态性的心理关系，即情感的联结。这种课堂心理关系具体表现在课堂中的教师和学生主体方面：对教师而言，在课堂教学时对待教学和学生的教学态度、情绪情感、言谈举止、教学智慧、人格魅力等生态因子，能直接影响课堂氛围，教师上课的心理状态和教学水平也将受到直接影响，学生的听课效果与课堂参与度也被影响；对学生而言，每个个体的学习态度是否端正、学习目的是否明确、学习认知与行为的自我调控等这些心理环境也直接影响学生参与课堂学习活动的情绪情感的投入，以及对教学内容的接收与重视。课堂氛围的特征有以下几点：

（1）情绪化。课堂氛围，属于精神教学环境，与人有着密不可分的关系。人的本性是冲动、易露、易变，而情绪这个特征又是人的心境和外在环境双重影响的结果。在高中英语课堂教学氛围中，教师的情绪受学生牵制，如若教师激情四射对学生进行知识传递，而学生盲目无情绪，那么再有情调的教师，再想营造好氛围，也无济于事；如果经验尚浅的教师遇到这种突发情况，会不知所措，甚至备受打击，给后面的课堂带来灾难性的影响；而如果是一位刚从学校毕业的新手教师，尽管教学技术不够成熟，知识讲解尚处于照搬阶段，而且胆小紧张，若是学生们能给予积极的鼓励、支持的情绪反馈，这能给教师终身的自信。因此，情绪化是课堂氛围的一个特色功能。

（2）差异化。课堂氛围并非一成不变，并非只有欢乐、愉快的场面，它是生活化了的小故事，同样有令人悲伤的、难过的场景。如果英语教师营造的课程氛围是感人又震撼的，演绎出来可歌可泣的故事，那整个场内的人都会投入感情，这是最容易吸引学生，使之产生共鸣的；如果教学信息是一些带有测评、检测或测验性质的，并且是有一定教学惩罚后果的，诸如单词默写、听力测试、英语写作等，学生会紧张起来，课堂氛围也因此笼罩在一层严肃、拘谨的浓雾中；如果教学信息是分享一些搞笑的、幽默的英语片段或者小组扮演一些国外生活中的情景剧，师生们会因内容而感到兴奋、会因情景而愉悦，课堂氛围整体会达到一种和谐、轻松、快乐的场面；因此，差异化能吸引一些感性的人一同进入这个情境，一起交流一起演戏，一起营造感人的氛围。

（3）可塑性。课堂氛围，是可塑性强的一门艺术。文学素养深厚的英语教师，可以巧妙地将教育学、语言学、心理学和社会学融入某一情境、某一教学内容中，通过正面引导学生回答理解了的问题，不仅能锻炼学生的口语表达能力，还能通过正面积极的点评引领学生积极地跟进学习，培养学生的英语学习兴趣和爱好；运用情景剧、采用比较受学生欢迎的音乐剧等调动师生参与课堂教学，积极培养和锻炼学生的外语读写、听说能力，启迪和开悟学生，帮助其提高智力水平，树立正确的人生观、价值观和世界观；通过模拟简单的国际贸易实务、英语面试等课堂活动，既锻炼了学生的英语知识运用能力，又训练了学生的思维能力、应变能力，还能从中挖掘出一些好苗子，培养语言天赋和外交能力，帮助提高其外语水平，引导其保持学习外语的探索欲和积极性，为其今后的人生目标找准需求和突破点。因此英语课堂氛围的可塑造性极强。

（二）课堂氛围的组成结构

课堂氛围的结构可由七部分组成：①教学目标；②教师的教学作风；③教学语言载体；④情趣教学的设计；⑤学生的学习态度；⑥人际关系；⑦教学场地和设备环境。

（1）教学目标。教学目标一般在教学大纲中都已规定，笼统且是一般性要求。教师在备课前应根据所教英语班级的学生的不同功底，进行适当调整，也因为人具有差异化，其思想方法、行为需求都有所不同，教师应根据实际情况进行适当的调整。在课堂氛围中，教师要注重培养学生的价值观，利用英语对话、小组互动扮演角色等形式来体验不同的场景，从而获得价值感和知识技能，对学生要注重价值意识的培养。

（2）教师的教学作风。教师采用民主、平等的教学作风，自如地应对和处理教学主体间、教学媒介间的关系，也是创造和协调课堂气氛的重要因素。教师针对每节课的内容，要认真对待，精心准备好素材，在教学中以精神抖擞的面貌，全神贯注地投入感情，用自身的魅力和演技吸引学生主动进入角色，参与到课堂氛围的建设中来。

（3）教学语言载体。英语教学以英语语言为载体，教师可充分利用健康的、热情向上的个体形象，幽默风趣的语言优势及亲切、信任和期待的神态，鼓励和引导学生进行互动交流，激发学生的表达欲和参与感。巧妙地使用这些非文字语言动作、表情、音响来渲染气氛、调动积极性，这样做往往能取得文字语言无法比拟的功效。

（4）情趣教学的设计。在英语课堂教学中，涉及中西方文化差异，高中学生对西方文化的了解有待加强，需要教师精心设计一些典型的案例情景，来作为调动学生兴趣的"激活剂"，提供师生对话的素材。用兴趣引导，让学生充分参加到现场，体验英语书本上娱乐、趣味性的内容，它直接影响学生的学习情绪和反馈效果。

（5）学生的学习态度。学生在生态课堂氛围中既是参与者，也是受众，只有端正学习态度，积极转变自我，变"客"为"主"，自主学习，自如参与课堂氛围建设，自然与同学、教师建立互动互助的语言分享，在情况允许的课堂氛围中自由展现自我个性，成为生态课堂的主动建设者。

（6）人际关系。师生是课堂氛围的关键主体。人是善变的高级动物，只有有"眼缘""看得入眼"才会"上心"，才会去与之接触，打交道。教师要善于维护班级这个小集体的人际关系，从自身做起，引导和带动全体学生构建和谐、融洽的集体关系。通过小组活动、面对面交流等促进彼此之间的相互协作、配合协调，而对于高中学生，运用"异性效应"适当地激发男女学生的互动交流，充分发挥合力，开发潜能，能将课堂氛围调动，激活。

（7）教学场地和设备环境。课堂的教学场地和教学设备、器具等环境是学生最直接感知的物体，学生也能被这些外部环境所感染、所吸引，从而主动参与到课堂互动中来。因此，在具体情境教学中，需要根据课堂内容增设或摆放相关的教学设施，按情境内容设计摆放的位置、大小、方位等空间、地理位置，增加课堂氛围的融合性和整体性。

（三）营造高中英语课堂氛围的意义

教育生态学遵循中国教育精髓，强调人与自然的和谐统一，注重启发人体内心深处的自我协和，这种协和要求与自然的平衡相统一，让人自觉加强自身修养，追求人心中具有的价值自觉的能力，它转变了教学主体的教学思维模式。教育生态学及其在教育、在高中英语教学中的运用越来越广泛，高中英语课堂是我国基础教育实施的主阵地，众多教育专家学者均从生态化视角对课堂进行探索，获得了许多有价值的研究成果。生态化的英语课堂氛围可浓缩为教育生态学中的一个生态系统。其生态课堂区别传统课堂教学，其起点不单单是知识，终点也不再是瞄准学生的考试成绩，而是以追求学生的健康发展和幸福成长为依托，生态课堂成为众多教师追求的新目标。生态课堂的运用，对于高中英语教育教学质量的提高有积极影响。

21世纪最好的投资就是教育。如何打造教育质量的"生命线"，各级各类学校都在争先恐后地进行着探索。而作为独特的英语学科，涉及人文、历史、语言工具等多边因素，对几年之后面临社会考验的高中学生而言，正是关键基础。一种生态行为的产生受到全局性的多因素影响，这是教育生态系统的整体效应的体现。桃李满天下，是各级各类学校和教师的共同追求；而具有深厚英语功底的高中生是学生本人、英语教师和学校领导和谐一致的方向。教育，必须是一个比较自然的过程，也就是和谐的教与学的生态，和谐的师生关系生态，和谐的学科关系生态，和谐的课内环境和课外环境生态，和谐的教学目标与内容生态，和谐的教学方法和手段生态，和谐的教育与教学生态，和谐的师生灵魂相交的生态，和谐的生态课堂的过程。

21世纪是人才的竞争，也是知识的竞争，和谐生态圈的竞争，更是教育生态的竞争，也是人才苗子的竞争。高中英语课堂是应试教育与实践教育的基地，培养的英语苗子具有以英语为代表的"基本条件"，也是每年高考后被各高校竞相争夺的对象。外语教育一直注重教学改革，而中等教育阶段英语课堂教学氛围的营造是一个很重要的问题，教育界和学术界一直都很重视。作为高级中学而言，如何培养具有良好英语功底的好苗子，如何"经营"好生态英语课，是每位高中英语教师和高中学生迫切关注的话题。

二、生态学与课堂氛围的关联

生态学是一种用生态学理论来研究自然界中生物群体和周围环境之间构成的功能性整体之关联的科学理论，其中，周围环境既影响着生物个体的生长发展，同时也受发展的生物个体的信息与能量的影响。生态学运用到各个领域中，形成了各领域的方法理论，如教育生态学。基于教育生态学的视角来看，课堂氛围可以说是教育生态系统中的重要细胞个体，是一个浓缩的课堂生态系统，遵循了一般的生态学基本原理和规律。课堂氛围的开展是建立在对高中教学生态现象和规律的认识基础上的，对生态学方法加以吸收、提炼、改造的基础上进行创建，所以，生态学的理论观点和生态学的研究方法对高中生态课堂的研究具有重要指导作用。

生态系统以"个体—群落—生态系统"为框架，关注"人—教育—环境"之间的关系，而生态学的生物组元由三大类构成，分别是生产者、分解者和消费者，由群落和环境构成，各组元间相互依存，相互影响，相互进行功能作用，任何一一主体受到影响，其他主体必受牵制；若其中某种关系被破坏，将导致生态系统失去平衡。时间结构、营养结构和能量流动结构这三种基本结构在生态系统内循环交替流动，释放物质和能量，保持系统平衡；五种基本规律分别是迁移和潜移率、富集与衰减、平衡与失衡率、竞争与系统进化以及良性循环率，且达到能量流动和信息传递、物质循环，具有自调节和自组织能力，从生态系统平衡与否对其进行归因。

（一）自然生长对课堂氛围的作用

教师群落、学生群落和自然环境共同构成了课堂生态系统。教师、学生与课堂氛围是不可分割的。因为任何一个群落在形成过程中，生物不仅对环境具有适应作用，而且同时生物对环境也具有巨大的改造作用。生物多样性是衡量生态系统生命力和持续性的重要指标。在教育生态系统中，主要涉及人类个体遵循自然规律、适者生存、健康成长与进步的人与人、人与环境的两种关系，以及顺应自然而繁衍后代的优生、优育、优教的三个阶段，以及在生、老、病、死自然生长过程中所接触和发生的家庭教育、群体影响、学校教育、社区教育的四种场景，并包括在人与人、人与自然环境中所产生的生理因素、心理因素、职业因素、经济因素、个人独创性与集体共同创造性指标五因素所共生互联的关系。在自然生态环境中，高中英语教师的"自然生长状态"是教师在以往因生态作用对自身的思维能力、学科知识、教学科研能力、职业道德操守等累积的结晶，并能反映所处环境状态下的适应能力与支配管理能力。

在教育生态系统中，能量流与信息流两支分流构成了非常重要且关键的限制因子，在教学活动中，能量流或信息流无法满足基本需要时，则会限制教育质量。课堂氛围中的限制因子是多种多样的，而学习环境、学生的学习兴趣、爱好和教师的教学方式与理念等这些自然生长因子均可能影响课堂教学中的三个限制因子，甚至束缚和制约课堂教学的良性发展。如何改变陈旧的教学方式，如何提高师生课堂教学的能动性，实现师生课堂交流的信息、能量最大化，是促进积极主动的自然生长，实现生态课堂的关键性环节。

（二）耐度定律对课堂氛围的作用

从生态教育的角度看耐度定律与最适度原则，可以理解为量力而为，适度就行。在教育生态系统中存在多个个体或群体在其生态环境中受多种因子影响，就像大自然生态系统中一样，考虑群体的平均耐受限度，但最终能上下左右逢源，找到自己的生存法则，主体便可以生存、存活，一种生物诞生并能够健康地生存下来，要依赖一种特定的条件全部存在，这也就是教学生态系统中的最适度原则。

从生态教育的耐度定律和最适度原则来看，生物对周围的生态环境和各种生态因子都预设了最佳生存状态的上限和下限区间。一种生物的机能在最适点或接近最适点时发生作用，趋向上限或下限的两端时就减弱甚至被抑制。英语生态课堂教学的教学内容、学生人数、教学提问的难易程度、学生接受事物的速度、教育资源分配率、安排课程量、课时信息量和作业量，教师的教学方法、教学风格等都遵循并发展了耐度定律和最适度原则，均在主动探究各教学主体的最佳生存区间，对课堂生态环境的量化进行酌情处理，量力而行、尽力而为，积极促进其最佳生存发展。最适度原则强调的是英语教学生态中的个体、群体、系统等要根据所在学校的教育资源和教育实力在面临所能承受的耐力是否在它能承载的上、下范围。

在耐度定律和最适度原则指导下，校方和教师会积极排除干扰学生学习的不良环境因素，诸如噪声污染影响学习与听力、光线过暗或者过强均会影响视力等。从耐度定律和最适度原则的最适宜的课堂学习环境区间划分来看：课堂内的光线区间在 60~180 勒克斯，最佳为 180 勒克斯，一般教室亮度为 60~100 勒克斯；而室内温度区间以 20℃~26℃ 为宜，最高温度应低于 34℃，否则导致人体大脑缺氧、使人心情焦虑不安；对于室内的声音保持 35 分贝左右为宜，而超过 55 分贝则将造成噪声，导致人的听取率下降到 80% 甚至更低；人若长期处在 70 分贝以上将导致听力下降、注意力涣散、记忆力减退、思维紊乱，直接影响人的学习工作效率；关于室内空气环境的流通、新鲜也有区间，CO_2 的浓度要低于 1500ppm 为宜，若超出 1 倍，则注意力下降 5%，若 CO_2 的浓度在 0.03%~0.4% 时，导致人产生呼吸急促、头痛、耳鸣、脉搏微弱、血压升高等不适感；而对于班级规模人数也有一定的人口密度界限，人口密度不宜超过 50 人/100m²，这对我们普通高中班级人数而言，均是需要改革的。

因此，在英语生态课堂中，对课时、教师的知识张度、学生班风建设、班级规模、教师教学艺术等多变量因子进行科学设定，要主动释放学生的主动探索欲；审时度势、差异化地对待学生群体的整体发展，积极促进学生之间的团队合作交流；对于个别学生视情况给予人文关怀和调整，根据实际情况结合学生自主学习的需要，充分锻炼和引导学生广泛交流、积极思考参与互动，减少教师的无效"排放量"；适当划分课程学习群或小组，合理调配各群和小组成员的学习层次，提升学生积极主动"吸纳能力"，实现学生种群内部的相互促进、和谐发展与总体平衡，以积极寻求"最适度"状态提高课堂氛围的融合度，促进学生全身心投入课堂中，参与氛围营造和创建。

（三）生态位对课堂氛围的作用

生态位是一种空间维度单位，用来描述单个的物种在环境中所处的类别，以及在同一生态位置上与其他物种之间正向竞争所处的地位。在生态群体中的生态位在各生态群间，群体内部间的关联是密切的，相互依存互相促进既竞争又有排斥，既平和又好斗，其中的任一个群体能量发生了数值上的变化，会直接或间接影响其他群体的均衡与平衡。在教育生态学的生态位亦是既竞争又有排斥，既平和又好斗的合作关系，从而实现教育资源合理的共同分享。

课堂教学活动和生态系统中，每个课堂生态主体的教师与学生因其扮演的角色不同，各自所处的社会地位、教育背景、自身素养、知识结构、社会阅历、适应能力等差异，均有自身的生态位。从空间生态来看，诸如师生比为一对多的关系、班级规模人数较大，课桌排列以"行列式",讲台以"审视"姿态摆在最前面的正中央位置;从时间生态位来看,教师在年龄、学历、经历、知识技能、社会地位、威望等方面均长于学生,是学生的前辈,师者传道授业解惑,学生被动接收而失去了主动学习、主动使用和管理时间与精力,主动成长的主体地位;从生态位内部之间竞争来看,学生个体间,因所处家庭的教育、成长经历不同,个性、思维等不同,在课堂生态位中,有的座位居前排、中间,有的后排有的旁边等,个体所表现的有积极者,有消极者,有旁观者,有参与者,有违纪者,因个体差异所以生态位也有个体差异。在教学课堂中应根据不同的生态位特点,予以"因材施教",避免严重的生态位重叠和竞争排斥现象,以满足学生自主学习和自身发展的需要。

教师主体在主导和管理课堂时,可根据教学任务的需求,匹配灵活多样的空间生态位,如圆形、马蹄形、丛聚型、小组型、单元组合型等。明确教师主体和学生主体在教学生态环境中的生态位,有的学生发言积极,主动进取,就应着重引导他的思维,用榜样带动,以点带面引起其他学生的积极好斗、不服输的心理,鼓舞士气来参与到课堂问答中;而对于从不发言的学生,则应关心了解其心理活动,从因解症,促进其参与到教学课堂中。教师主体应视情况动态调整自己的生态位,以满足教学需求,不断激励学生们良性竞争,相互促进,和谐发展共生,实现教学生态平衡发展。

(四) 生态链法则对课堂氛围的作用

生态学讲求生态的平衡与失调,竞争机制与协同进化。课堂生态也是基于生态的基本原理、规律在课堂的应用。课堂生态是教育生态的微观领域,其教育生态链以"实践者—专家—教材—教师—学生"链进行知识传播。对于生态链顶层的学生与处于底层的实践者有一定距离和级别之分,两者获取的知识与技能方式不一,在某种情况下不能被替代,但是当顶层的学生的知识技能、社会经验丰富了,是可以逐一实现,由学生到实践者的身份转变,和生态链中的"由弱到强"有相同性质。教师在知识/技能的"食物"生态链体系中是最初和最底层的生产者、实践者与传播者,对于以单向传播"独白"式的教学方式而言过于拘谨,对于"食物"生态链中的顶层消费者(也就是学生)而言难以自如地消化和吸收,因为生态链中,要实现由顶层到底层,需要经历过一定的磨炼,也是由量变到质变漫长而艰辛的过程,而由顶层到底层也需要随时间和社会的推移,舍弃一些原本很重视的能力,而一些看来不起眼的综合能力却被改装换位成为适应社会发展的生存之道。

因此,在课堂教育教学中,教师要将"象牙塔"与社会实践的区别和联系通过课堂演绎，呈在学生面前，使学生学会学习、学会生活、学会生存，实现教育生态学到生存之道的无缝对接。

（五）适者生存对课堂氛围的作用

放眼当今的社会现象，生态失衡、环境污染严重、生物圈失调，这些无不在紧逼和危及整个人类的生存与发展，适者生存是立于生态系统中的法宝。而让人类的思想根深生态意识的重担落在了基础教育课堂教学之中。而中、小学阶段的基础课堂教育占据整个教育过程的"重中之重"。因为，无论是适者生存的未来的领导者、科技人员还是普通劳动者，基础教育培养是必经之路。在课堂教学中，"因材施教""知行合一"是"悟性"和"身教"双重训练的有机结合，也是适者生存的具体体现，因为在未来的人生发展中，个人修养是家族兴旺、国家繁荣的基础环节，而此基础环节的重心就归根和凸显于中学的课堂教学，重担落于教师的肩膀之上和学生在课堂学习的积极参与之中。

（六）物质和能量交换对课堂氛围的作用

知识是信息传播的主要内容，也是物质与能量的代表，而信息传播是课堂教学的纽带。课堂信息流动的畅通、师生主体各自的交流互动顺利，认知层面由单一到多种，由少到多，由疑惑不解到清晰掌握，由不喜欢到感兴趣等均是反映生态课堂的个性高品质的具体表现。如果在课堂教学中失去了传递知识和信息的真谛，就相当于课堂氛围是没有建立在其知识信息传递基础上的互动，师生间失去了物质和能量的交换，课堂中没有了交流和交集，整个课堂将成了无本之木，无源之水，也就失去了教育的目的。

在课堂氛围中，教师在知识传授、信息流动、技能养成、道德影响等物质与能量的加工、重构中，既是知识的消费者，又是物质能量的生产者，他与自身已有经验进行同化与顺应，运用各种教学方法言传身教、传递物质与能量，使课堂氛围中产生更趋成熟的教学磁场与能量；与此同时，对于课堂的另一主体学生而言，通过听课学习、接受知识、获取物质与能量，是知识的消费者，通过思考吸收、内化为自己的知识体系，通过积极回答问题、高效完成作业等反馈，对物质与能量进行加工整理，同时也是知识的生产者。课堂氛围内环境适宜，能优化和推动整个社会宏观圈层，从而对教师与学生主体的认识导向、情感陶冶、行为规范、榜样示范、心理构建都能起到推动和促进作用，能量供给系统使之正常维持运转，课堂生态体系也就顺理成章生存了。

在生态课堂教学中可视作培养师生健康生活、快乐学习、幸福成长的时空，在课堂上，激活学生主体的学习"内源"，积极调动学生主体的自由支配能力与权利，自觉展示学习体系，充分体验运用知识技能，使其能主动吸收、内化知识营养，使能力得到培养提升，收获到课堂学习的愉悦，找到自我归属感。在物质与能量交换的课堂中，若没有遵循能量守恒，学生主体的反馈信息超出了课堂氛围中的教师的承载范围，教师因物质与能量的欠缺，没能把控全局，对于课堂氛围出现的剧烈、频繁、反差极大的局面而束手无策，将破坏课堂，甚至导致生态系统坍塌。

总之，生态学与课堂氛围之间存在着相互制约、互动相联的关系，既相互制约又互相渗透。课堂生态系统中教师、学生、环境内部各要素之间协调一致，彼此互动，将形成动态平衡的生态系统，使自身优势得到充分发挥。

三、生态视阈下英语课堂氛围的营造原则

生态视阈下英语课堂氛围的营造既要"翻转"教育目的和教育理念，要以人为本，更要更新升级教学方式。高中英语课堂的学生与教师的主体地位也需要"翻转"为"一体两面"，教师不再是传播者和课堂统治的"控制者"；课堂不再是"一言堂"，学生是主动意义的建构者和学习者。

人的天赋创造了人类社会的发展，而天赋具有多元化，不同的人具有的天资不一，而社会的发展是由具有积极性、创造性的完整个性的人才创造出来的，当人们发现这一现象后，人本主义被更多的学者所关注。

（一）以生命为本原则

高中英语课堂是教师传播知识，学生汲取知识；也是教师做示范，表达跨文化内涵思想、口语幽默风趣，学生尝试演练；是教师言传身教，将人格魅力、教师素养展现出来，吸引学生对教师的崇拜，进而学习教师的文化素养的阵地。根据新课标的标准和生态化课堂的理想状态，教师先自我渲染，进入角色，课堂氛围中将学生的认知主体融入，利用各种方式来激励和积极调动学生的主观能动性。教师充分发挥导师作用，引导学生主动去听，听进去了去用，用了就表达出来，表达出来了，氛围就起来了，导师作用也更进一步了；教师进行指导，帮助学生总结、反思和归纳，将知识内化、融合成自己的知识。知识是一种生命的体验过程。

知识本是教师或学生个体在自身的生命活动中产生的生产经验的累积或文化知识的沉淀，并持续变化的生命活动的属性。它是一种生命关系的属性。当教师和学生产生了共

鸣，有了启发性，学生将会主动进入课堂氛围的营造角色中，而学习的状态也就被激活了；进而真正实现由被动变主动，由被教变成求学，由被带动变主动营造参与，以学生学习为主，以教学为主，以学生发展为本的生态化课堂氛围构建。

（二）个人知识实用性优先原则

高中英语生态化课堂氛围的构建当优先遵循个人知识实用性原则。高中英语教师在自我培养和人才培养中因材施教，因地制宜，掌握现代教育理论知识，熟练运用相关专业技术，不断内化，内观，加强教学自我反思、自身知识体系建构和创造，不断地提高自身能力，达到以个人知识体系为主要目标的建构主义模式的转型与升级。智慧是生命与环境共存共生的过程，是知识技巧与艺术的融合体，是知识沉淀、人文素养的具体表现。

以生为本，以人为本，结合教材内容和情境，结合本土文化、民俗习惯，结合教师发展中的实践与环境因素，结合中学教学实际和多元化的学生现实教学生活，有针对性地提高教师的认识、文化、素养，师生也可根据个人知识优先性原则，根据自身学习精力与接受能力，自主选择主次问题，重视自我建构、自我反思与自我创造并逐步形成个人的知识体系，为生态化英语课堂氛围的营造提供知识和话语、话题，从而实现与他人面对面交流沟通、合作互动。

（三）实践为主原则

教学的本质是促进学生的发展。教师的教学行为是否符合生态化课堂教学的需求，是否能提升学生的认知水平，这是实践能够检验出来的。高中英语生态化课堂氛围的营造可吸收西方实验教学、实践教学为主，兼容中西文化互动的教学方式。课堂教学是师生交流互动的过程。在学习专业知识的同时，运用"做中学，学中做"，从细节上讲，一堂课教学程序、教学环节安排是否合理，是否注意到课堂氛围，师生能否进行有效的语言沟通，活动的组织是否顺利，教师的点拨引导是否到位，并能分析比较中西方文化，是否能让学生能从"实践中学，在玩中学"，学生是否积极主动地参与学习，学生的主体地位是否突出，学生是否有所收获并得到发展，在英语生态课堂中能否进行有针对性的文化情景的互动训练，课堂的气氛是否活跃，课堂教学效果是否好等，既是教师提升自身教法的方向性原则，也是实现训练学生的基本功的有效方法。

就所学文化知识进行训练是必不可少的，高中英语教师可以通过实用性较强又简单的话题创造动态、开放的英语语境或通过组织学生进行演讲或表演等来培养学生对英语语言和文化的感受力，实操为主，实行为主，实践为原则，一切从师生的实际出发。

（四）和谐原则

生态化课堂氛围营造的终极目标是和谐融洽，因此可以遵循和谐性原则。也就是指在生态化英语课堂教学中，构建"人文文化导引，自主学习为主导"的学习环境，激发学生的自我需求，发挥个性爱好特长，充分挖掘学生的潜能，也培养教师的特长，使之成为自己的招牌菜。让师生均能充分体验和充分展示自己的独特魅力和个性，又能实现课堂中的融合自如，和谐融洽的教学氛围。同时，还能激发师生创新创意的乐趣和幸福感，能在教学过程中边创造边感受艺术的美感，凝聚成适合自己个性化需求的教学风格或学习特点，促进其专业化成长。

四、生态视阈下高中英语课堂氛围的营造策略

生态课堂是一个开放的生态系统，通过"物质""知识""能量""信息"的传递、进出与交换，以达到自身的不断更新与发展。教育生态学中的课堂教学比较重视"人本性"问题，尊重师生主体的差异性、多样性、独特性，在生态系统中追求师生间的一体两面与多元共存、和谐共生统一的关系，也比较重视学生独特的感受、体验、主体性以及潜能的开发，及时满足学生合理的需求。因此，对生态课堂氛围营造策略加以研究，有利于提高课堂教学质量，促进师生主体的和谐生态发展。

（一）明确师生生态位，构建和谐师生关系

1. 以人为本，转变教学价值观

转变教学观念实质上也是提高了教师群体的素养，进一步促进了英语课堂教学氛围建设。可持续发展体现了"生命个体的延长再生长、循环不断"。因此，在英语课堂生态化教学当中，着力培养学生的自我成长、自我演练、自我学习的能力，能构建起一个和谐可持续发展的生命观、价值观、人生观，倡导探究性学习，从而实现充满生命力的教学主体和社会所需的可持续发展人才。主要是要从生命的长度，生命的宽度，生命的厚度也就是知识层面、人品层面、语言表达方面、兴趣爱好等方面着手培养，不断追求和丰富自身的精神生命，从而实现自身的价值，保障人能平衡发展。搭建合适的平台让学生的个性得到张扬，教师在教学和生活中，擅于观察和发现学生的特长潜能，做到因材施教，加强个性化教学过程的发展。

2. 构建和谐群体关系，促进教学主体的可持续发展

构建和谐的学生群体与师生群体关系有利于良好氛围的课堂生态环境。因此，教育工作者灵活运用"活动理念"帮助学生构建互助、互动的学习，通过各类学习活动，组建英语合作小组，实行组长责任制和得分奖惩制度，加强学生之间的合作沟通，通过构建和谐群体关系，促进师生间的整体相交与相融，促进能量、知识、信息的互换与传递、再生，助力师生彼此间的自我价值的实现与认同，培养学生拥有较强的群体意识和团队意识，促进同一生态位的个体发挥最大的效能。从教育生态学的角度也能促使这种互利共生的关系良性循环，从而加强了主体与主体之间，主体与环境之间融为一个有机的整体，形成良好的课堂生态环境。

教师的教育教学理念、思想高度决定生态课堂的生存样态。

首先，要唤醒教师与学生的生命，突出学生学习的中心生态位，变教案为鲜活的学案。教师不断提升自身学习能力与教研教改的能力，积极参加国际、国内、省市各项专业培训，多外出学习交流，从同行中获得宝贵的经验；通过访学、留学、旅游等掌握外国、外省的民俗习惯、风土人情、社交礼仪、新闻时事，积累世界文化。积极在实践中借鉴教育学和外语教学理论实践的研究成果，以问带学，以领略风光美景主动探究，以分享体验带动师生共同参与，促使学生认知活动的发展，使学生在学习中凝结精神文化中的社会道德准则、理想、审美意识、情感、责任感、义务感，形成内在的价值目标，形成的"土壤"和生长的"养分"，促进课堂生态化，实现以教案为鲜活的学案的转换，实现学生的知识转移内化和能力提升。

其次，将教师转换为导师，关注知识与生命成长。将课堂内容灵活分解成若干关联问题点，引导学生一步一步去分析、破解。根据学生个体的个性特点、情感态度，分工合作，因势利导，让学生轻松愉快地学习，自由健康成长，主动探究，并能深入与教师交流。

（二）转变理念，构建立体、多元生态化教学评价

生态化的课堂评价则要转变评价理论，重视以生为本，以培养学生的全面发展为根，建立健全立体多元化的生态可持续发展的评价体系。改变对教师统一量化的评价制度，关注教师的差异化、个性情感以及个体发展，重视和鼓励教师的教学反思，结合实际构建符合教师自身的评价制度，以期实现教师科学发展。

第一，评价主体多元化。学生是可塑造的，在生态学教育理念的指导下，对于评价主

体应该采用多级主体多层评价模式。除了采用原有的教师对学生的评价和学生对自己的评价，还应涉及家长对学生、家长对教师的评价，以及第三方评价主体对教师、对学生学习的评价，并开展学生间的互评，以及学生对教师的评价、线上与线下相互评价均衡。

第二，评价内容多元化。学生在高中阶段所学内容较多，对学生进行评价时需要持续一段时间。在教学评价中，除了考评学生的成绩外，还应该关注学生听力、口语等模块，可以通过开展口语竞赛、听力比赛、英语话剧比赛、英语招聘会等，运用"竞争机制"来提高学生的英语表达能力与应变能力，激发学生的学习热情和自主能动性，在分组活动中教师和同学均可对学生的课堂活跃程度、活动参与程度等进行评价，培养学生的发散思维和创新思维。

第三，评价策略的多样化。在生态教学评价中，在目的性原则、反馈性原则、过程性原则和变化性原则的指导下，本着公平、公正、有计划和有目的的原则，注意运用过程性评价、多元评价、发展性评价方式，在评价方式中把质性评价与量化评价方法相结合，在不同的课堂中灵活运用相应的评价策略，通过对学生进行问卷调查、建立学生档案、单独谈话等对学生的学习动态、思想等进行调查，并及时评价，及时给学生相关的引导策略。

（三）优化教学活动，促进课堂生态和谐发展

课堂被誉为生命的家园和乐园，是让师生的生命充盈着灵气、智慧、活力、激情和探险的地方。生态课堂的教学活动得到优化，充满游戏精神，能让师生充满活力与探险，调动师生的语言、动作、思考、情感、态度，为学生营造快乐的学习空间，让学生的生命得以充分地舒展，也是教师的理想追求。

1. 丰富活动，积极调动氛围

课堂氛围是师生在课堂上表现出来的情绪情感状态，是师生在课堂上共同创造的心理、情感和社会氛围。教学活动的优化是影响课堂教学行为的重要因素。课堂教学行为的优化不仅需要环境予以支持，还需要教师本身的成长和发展予以支持和促进，这是形成课堂教学行为优化的发展支持策略。

在生态课堂氛围中，突出师生主体的生态位，可以将原来的只有教师一人为师的生态位与"三人行，必有我师"的生生为师的生态位共存。教师可以将教学任务栏分解成若干枝条任务，构建学习型小组，由小组分解各"任务活动"内容，进而促进学生个体、组间、团队的交流合作、互帮互促，互学互长、智慧共享、集思广益，实现学生个体的思想和其他同学思想的碰撞与互补，实现生生和谐的学习状态。既丰富课堂活动，又积极调动

了学习氛围，实现人人参与，人人乐学的美好和谐课堂。

2. 促进师生反思

人是理性的人，也正因为理性，所以人通过反思不断完善自己的观念和实践。教学活动通过反思能提高教师与学生的自我认知，有助于有意识地对课堂教学过程、结果、背景（理念、行为的情境）等进行审视。教师行为的态度改变，是课堂教学行为中态度行为的优化过程，其结果是确立行为的态度。教学主体双方通过反思，发现课堂教学中存在的问题，并能分析和解决问题，促进教学质量的提升，也促使教师和学生能加强学习，理论联系实际，提高了教师与学生的整体素质。

（四）解除限制，激活英语课堂活力

教育生态环境是由不确定性的教师因子、学生因子、环境因子等构成，对人而言，环境是人赖以生存、从事生产和生活的外界条件，但也能直接或间接影响人的行为，教育生态系统是教育实践者的教师主体与学生主体与自然生态环境和社会生态间通过教学活动，在物质循环、能量转换、信息交流的过程中所形成的稳定系统，有些因子如不加以管控，将约束和限制整个环境的和谐发展。如座位编排中的以"学生为中心"的"圆桌式"和小组协同的"矩阵式""半圆形"和"马蹄形"等，在高中英语课堂中所发挥的作用和功能不一，能突出影响到师生课堂教学行为。

1. 营造生态课堂文化氛围

英语课堂环境直接影响着课堂学习气氛及学生的听课效果甚至影响学生的成绩。从外围环境来调整并控制班级中的人数，使其趋于合理，然后对教室定期进行布置，逐渐把外国文化与英语相结合。教师带领学生营造英语课堂气氛。课堂是传道授业解惑相对集中的场所，是神圣的求学之处，也是学生情谊最深的学习生活之所。因此，生态化英语课堂在场地的布置摆设上有所讲究，主要是要与教育内容相适宜，也要与教学的人文背景相适宜，还要自然不夸张，内敛而舒适，让人一进来就感觉内心安静下来，有求知欲。

善于营造的生态英语课堂具备较强的文化背景，所陈列的工具、物品和设施根据教学内容能巧妙地遵循公平、优化组合原则，要不露痕迹"精心布置"，但又感觉自然大方，给人以轻松自然的感觉，座位的摆放既能保障干扰相对较少，又能合理，根据情境时而规矩时而轻松，时而紧凑时而宽松，能最大化地发挥课堂文化环境感染和陶冶人，从而实现生态化的育人功能。教师或学生在其场所里的每一次体验都是今后几十年的最美好最弥足珍贵的印记。因此，应营造生态课堂的文化氛围，激起教师们的教学热潮。

在生态课堂教学中，教师主体应提供让学生自由表达和展示的权利，突出提问式教学优势。在课堂上，可由学生针对课堂教学内容提出疑问或分享自己的见解，引导其他学生积极参与到问题探究中，积极锻炼学生的独立思考，通过其他学生的问答启发自我探究思考与内化、分享体验，实现生态课堂宽松、愉悦、自由的问答环境，充分给予每一个学生积极表现自己的舞台。

2. 丰富教学资源

英语是一门以语言学和人文理论相结合的基础学科，其内容大多与生活有着密不可分的联系。在生态化英语课堂教学中，教师要收集整理生活中的见闻逸事、时事政治，结合微信自媒体、视频点播系统、课件制作平台、多媒体创作系统等，注重合理开发和利用线上线下、一切有利于教学的资源，共同促进学生的学习。在教学资源开发的过程中，英语教师要努力地为学生创设一种诸如微信群讲微课、荔枝微课等平台媒体，通过教师的分享带动学生利用空余时间将碎片化的知识和时间管理好，让学生主动整合资源建构学习。

在这个信息爆炸时代，资讯瞬间获悉，只要激发学生学习的兴趣、热情和积极性，培养了正确的探索知识的能力，到处都是可利用的教学资源平台。同时，教师仍然可以引导学生关注学校和社区以及教育相关部门等的教学资源，通过实地参观访问、体验生活等方式获取相关资料信息。同时还要构建教师终身学习机制，鼓励教师通过广播、电视、网络平台等进修，提升教学水平和质量，提高教学技术和艺术感，将知识内化，整合成自己的知识体系，从而引导学生主动探索知识，增加技能。

在高中英语生态课堂中，积极调动教师、学生主体因子，确立主体生态位，排除一切限制因子的干扰，促进各因子间和谐发展，实现生态课堂优质高效运行。

生态学是一定空间中生物群落和非生物环境的复合体，是生物群落与其生活环境间由于相互作用而形成的一种稳定的自然系统。生态群落从环境中取得能量和营养，形成自身的物质，这些物质由一个有机体通过食物链转移到另一个有机体，最后又返回到环境中，通过微生物的分解，又转化成可以重新被植物利用的营养物质，是能量流动和物质循环的重要过程。生物依赖于环境，它们必须与环境连续地交换物质和能量，必须适应于环境才能生存；生物又影响环境，改变了环境的条件，生物与环境在相互作用中形成统一的整体。

教育生态学被誉为绿色教育，是研究教育与其周围生态环境之间相互作用的规律和机理的科学，教育学和生态学是教育生态学的最基础最重要的理论，它把教育与生态环境有机联系起来，并以其相互关系及其作用机理，在教育生态学中群体间的竞争互动、合作共赢、相互作用构成了一个有机的生物链。其教育生态系统具有整体性、系统性、联系性、平衡性等特点。作为英语课堂除了是一门语言、工具外，还是一门艺术，而教育生态英语课堂在寻求积极调动教师、学生、环境、物质等因子的前提下，构建轻松、和谐的课堂氛围是教师们追求的目标。

总之，生态化英语课堂氛围营造需要明确师生的生态位，构建师生和谐关系，转变高中英语评价理念，构建立体、多元的生态化教学评价，优化教学活动，促进课堂生态系统和谐发展，解除限制因子的制约，激活英语课堂活力来实现教学主体可持续发展，创设良好英语课堂环境。需要教师精心营造课堂教学氛围，激活学生的思维和参与度，共建生态和谐课堂，促进英语教学活动健康有序发展，培养适应社会需求的生态化人才。

第二节　生态视阈下高中英语课堂的质性评价体系

一、高中英语质性评价认知

（一）质性评价

随着教育理念的发展与更新，教育专家和教育工作者把关注的焦点放在质性评价上。在英语教学中，教师们开始在教学过程中关注和尝试使用质性评价。质性评价概念提出后，教育工作者尝试把质性评价应用到教学的过程中。在教学中，教师对学生进行质性评价，不仅要掌握学生的语言学习情况，还要掌握学生的情感态度。质性评价可以使教师获得信息反馈调整教学方法，还可以让学生了解自己的学习情况。

质性评价在教学过程中，教师可以获得教学反馈，与此同时，还能获得学生的学习情况。在教学评价中，评价主体不再只是教师，还包含学生作为主体对自己的学习情况进行评价。在评价中，无论评价者还是被评价者都是平等的主体。评价的结果不是为了奖惩学生，而是要根据评价结果进行有针对性的教学调整，培养学生的自主性并提高学生的成绩。

（二）高中英语生态课堂的质性评价

基于生态课堂的质性评价指的是在生态课堂这种教学组织基础上，对学生在学习过程中的表现进行评价。整个评价过程发生在英语学习过程中。评价的主体包括教师和学生自己。评价的目的在于通过学生在学习过程中的表现，观察学生的学习自主性和学习方法，从而提高学生的学习成果和学习成绩。评价时，教师要保证学生的主体核心地位，锻炼学生自主学习能力和自我评价的能力。为了保证评价的真实性，教师需要在评价前明确向学生说明，该评价的所有结果只为学生记录学习过程，用以进行自身比较，不影响学生的任何成绩和评比。

从教师的角度，基于生态课堂的质性评价体系，可以充分实现以学生为主体的课堂，能帮助教师培养学生的自主性，引导学生进行自我评价，从而掌握学生的英语学习情况，进而调整教学方法，提高学生的学习成果和学习成绩。在课堂教学中，教师可以结合教师对学生的评价和学生的自我评价，来判断学生在课堂活动中的表现，这样一来，也可以大大减轻教师的工作量。

从学生的角度，以往过度关注考试成绩使学生在学习过程中产生很大压力，一些学生由于在学习过程中缺乏自主性，导致学习英语的学习效果和学习成绩比较低，从而放弃英语的学习。而基于生态课堂的质性评价，注重培养学生的英语学习自主性，了解学生的学习情况，并对学生的学习情况进行评价，及时帮助学生解决在学习过程中遇到的难题和困难，让学生掌握英语知识和技能。学生需要对自己在课堂中的表现进行课堂即时评价和成果分析评价，在评价的过程中反思自己在学习上的不足，并在平常的学习过程中进行针对性的训练以期提高自己的英语学习效果。

（三）高中英语生态课堂的质性评价研究意义

英语学科贯穿我国整个基础教育，无论是高中英语还是初中英语，都是学生们需要重点掌握的科目之一。因此，学校和学生们对英语学习十分重视。我国在教育方面的教育理念和教学方法在不断地完善和发展，目的是为了把更好的教学方法和手段应用在教学过程中，用来提高学生的英语知识和技能。

评价是英语课程的重要组成部分，为了提高学生的英语水平必须在英语教学中实施科学的评价。教学评价可以让教师对学生的学习情况进行监控并获得学生的学习情况的反馈进而对教学做出指导。由此可以看出，评价是英语教学过程中必要的教学环节。对学生英语学习情况的评价不仅要采用考试等终结性评价方式还应结合其他方式的过程性评价。评价不仅要关注学生的学习成绩还要关注学生的学习过程与方法。

对学生学习情况的评价无疑是有益的，它可以使学生们了解自己的英语学习情况和反思自己在学习过程中不足的地方并在今后的学习中进行努力。与此同时，教师也要让学生了解到自我评价。自我评价不仅能够更好地提高学生在学习英语过程中的自主性，也能提高学生学习英语的知识水平与能力。在学习过程中，学生既要重视增强自己的语言知识，又要重视提高自己的语言能力，从而形成有效的英语学习方法，为他们提高英语学习水平奠定基础。在教学过程中，教师要尽可能做到巩固自己的指导地位，又要确保教学过程中学生的主体地位。

质性评价方法就是通过自然的调查，全面具体地描述评价对象的特质，并解释其中的意义，有助于更好地理解。在教学评价的过程中，描述学生的各种特质，用动态的视角观察并研究教学过程中的变化，用来获得对学生较真实的看法。这种方法也适合我国目前的三维教学目标的评价标准。

若想改变学生在英语课堂学习过程中出现的问题，需要从教师在教学过程中对学生的评价方式进行改变。如若将质性评价方式应用于生态课堂的教学环节中，能有效地激发学生学习英语的动机和兴趣，提高学生学习英语的自主性，也提高学生对自己学习情况进行自我评价的能力，进而也充分体现了在教师的指导下，以学生为主体的教学过程。将生态课堂和质性评价相结合并应用于高中英语教学中，能满足高中英语教学的需求。通过生态课堂的形式，让学生在教师的指导下，进行自主预习、自主探究、学生讨论和巩固训练，提高学生学习英语的自主性和英语学习成果。而实施基于生态课堂的质性评价，则能更全面地对学生的英语学习情况进行了解，通过教师评价和学生的自我评价对学生的学习情况进行即时有效的反馈，让学生能够更清楚地反思自己在学习过程中的不足，并有目的地解决自己在学习过程中遇到的问题，最终提高学生的英语知识和英语技能。

教学评价是获得英语教学反馈的信息，对教学过程进行有效监控并对教学做出指导，教学评价应该以学生为主体，促进学生的全面发展，并提高教师教学水平，使英语教育教学也能得到一个可持续的发展。所以说，英语教学评价是一个十分重要的环节。

英语学习本身是一个循序渐进的过程，其中所蕴含的英语学习知识与技能是较为复杂的。特别是在听、说、读、写技能方面，不是以一次考试就能衡量学生英语学习水平。现如今，素质教育以及课程改革正在逐步推进当中，学生在英语学习过程中的表现越来越受到重视。教育工作者除了要重视学生学习英语的知识与技能掌握的程度，还要重视学生在学习过程中的学习策略和对英语学习的态度与情感。

英语教学既要关注学生在学习过程中的表现，又要提高学生的学习成果，优化评价方式。评价方式不仅要包含量性评价，也要包含质性评价。质性评价既能体现学生的主体地

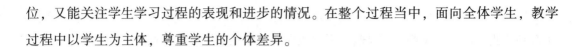

位，又能关注学生学习过程的表现和进步的情况。在整个过程当中，面向全体学生，教学过程中以学生为主体，尊重学生的个体差异。

二、质性评价的国内外研究现状及其理论基础

（一）质性评价的国内外研究现状

高中英语课改的主要原因之一是构建多元化评价方式的英语课堂，使得教学评价在教学过程中具有重大影响。评价要以提高学生的学习自主性为主要目的。在评价时要将终结性评价和其他形式的评价方式相结合，着重评估学生的语言运用能力和在学习过程中的情感态度和价值观。与此同时，教育者开始不仅重视学生在学习一门课程最后所获得的成绩，而且重视学习者在课堂上与教师或其他同学的互动。所以，课程评价体系中产生了一种新形式的评价方式，其中既包含终结性方式的评价也包含了形成性方式的评价。在教学过程中，教师需要更多地关注学生在学习过程中的"自主学习""班级参与"，也就是说要以质性评价为主要评价方式。

1. 质性评价的国外研究现状

在国外，教学评价的形式有很多种。资本主义工业革命完成后，在教育教学方面的评价获得了较大的发展。20世纪初，随着自然科学的不断进步，一些教育家把统计、测量应用于教育领域。

20世纪30年代，教师在一项教学实施的过程中通常要确立几个教育目标。与此同时，还可以使用问卷、观察和测验等方法来检测学生在达到教育目标过程中的进展。评价是一个过程而不是作为终结性的总结。评价不仅要评价学生的成绩这一方面，还要描述出学生是否达到教育目标和如何达到教育目标的过程，在此基础上总结问题，完善课程教材和教学的方式。

教育学专家利维把教育评价的历史分成三个时期：第一，古典的考试型时期，教师以口头形式提问学生掌握知识的情况；第二，心理测量占统治地位的时期，学校使用科学管理效率的效率测量工具检测学生的成绩，考试内容多以多项选择题的纸笔测验；第三，后现代时期，教师是评价者，但他也要从学生的角度出发，尊重并理解学生。

20世纪80年代，在皮亚杰提出的建构主义理论基础上，形成了一套新的并且有效的认知学习理论。在理论中，建构主义中的教学观和评价观都体现了质性评价的重要性。对于知识建构过程中的评价比对评价的结果更重要。对学生的学习情况评价来说，它包括了

学生对自己的课堂即时评价和学生对自己的成果分析评价。

教师对学生的课堂观察评价和成果分析评价。在评价时需要对学生的学习态度、知识技能等方面进行评价。进行评价的标准从注重一般性以及普遍性转向学生的个体差异的自我评价。在进行评价时除了要进行传统的笔试还要采取多种评价模式。在评价时从仅在教师层面上进行评价转变为学生以及教师共同进行评价的模式。在评价时从只注重评价后的结果转变为注重评价的过程以及提高学生学习的自主性。从这儿可以总结出，在评价时要注重评价主要对象，其中不仅要包括教师还要包括学生，在评价过程中我们也把学生作为评价主体。

在 20 世纪 90 年代，教育的发展受到后现代主义的重大影响，具有后现代主义观点的人认为，在进行评价时不能忽视个体之间的不同。在进行质性评价时，应该由评价的主要对象来制定相关的评价内容以及评价标准。

2. 质性评价的国内研究现状

在我国，中考教育体制以及高考教育体制都是选拔性质的制度，都是以评价效果、检查教学目标为目的的终结性评价，以学生的学习结果为衡量标准。然而，对于课堂教学中的各个环节和学生个体的关注度较小，使得教师和学生过度地关注学生的成绩排列，而忽略了教学过程中学生的身心发展以及学生对课程的兴趣程度，进而缺失了一些更重要的东西，比如：学习方法与过程、认知能力和情感态度。评价过程中的主要对象是教师，并不是占据主体位置的学生群体，进行评价主要是为了选拔。但是，国外的教学评价已经进入了"后科学时代"，超出了传统的量化评价，积极使用新兴的质性评价。我国的量性评价尚不成熟，如今还要面对刚刚兴起的质性评价的挑战。

随着课程改革的深入，教学评价的理念和方法也随之发生变化。"选拔"的评价目的向"促进学生发展"的评价方式转变。传统的量性评价方式是对学生的学习情况进行终结性评价。简明精确是量化评价研究的特点，可是它却无法考察学生在学习过程中的学习态度和学习策略。所以，要想获得学生学习的综合情况，对学生进行质性评价是不可少的。而且教师也要根据评价结果调整教学计划。学生在阐述自己的学习过程时可以为学生和教师随时反馈相关信息，进而调整教学。在对学生进行评价时，既要注重教学目的，同时还要注重学生自主学习的能力、班级参与和语言能力等方面。

质性评价表现出在我国对教育进行评价时所具有的多元性以及人文性，这是最新实行改革后所产生的具有重大作用的评价观念。把学生作为评价的主要对象，注重学生个体的发展即为人文性。多方面评价的主要对象以及评价的内容即为多元性。在建立质性评价体系时把学生作为主要的评价对象，学生的自我评价在评价参考中占据主要地位。在进行评价时要根据学生之间的差异来进行调整。评价后的结果既能为教师提供教学反馈，又能培养被评价学生的学习自主性，改善学习成果进而提高学习成绩。

综合以上国内外生态课堂和质性评价的研究，生态课堂的理论主要是研究教学的模式，如果两种理论能够相互融合，学生的学习效率将会提高，从而达到完善课堂教学的目的。但是，以往大部分的研究还是停留在理论研究方面，即使在应用方面进行了研究，也很少将其应用在高中英语课堂上。因此，将生态课堂与质性评价相结合，可以建立基于生态课堂的质性评价体系，并将其应用于高中英语教学中。

（二）高中英语课堂质性评价的理论基础

1. 建构主义

建构主义理论最早是由皮亚杰提出的。建构主义为研究生态课堂的质性评价提供了重要的理论支撑。该理论提出，课堂教学是在教师的指导下，以学习为中心进行的教学。学生是主动地建构知识的加工者，而不是受到外部刺激的被灌输者。建构主义教学评价在于评价学习者知识获得的过程，而不是对学生的学习结果进行评价。评价思想集中表达通过对学生学习过程中的表现进行评价，从而促进学生的学习发展。学习者知识的建构是知识与技能的结合。学习者可以通过听、说、读、写的语言学习过程来探索和理解英语学习，进而建立英语学习的结构。该理论认为，评价重心不仅要关注学生的学习结果，也要关注学生的学习过程。

建构主义对于基于生态课堂的质性评价的理论支撑是，评价的目的是要让学生成为学习过程中的主体，也是评价的主体。质性评价为学生提供了知识建构的过程，帮助学生在已有的知识与技能的基础上继续学习。所以，在评价的过程中，他们能够更好地进行自我评价。

建构主义强调在英语教学和英语学习的过程中，教师作为学习者的引导者为学生创造出良好的学习环境，鼓励学生在原有知识的基础上积极地去接受新的知识来进行建构学习。英语教师应该尽量为学生提供建构学习的课堂教学环境，学生在学习过程中确定问题、自主学习、协作学习、解决问题、独立地完成知识的建构。

总而言之，根据建构主义的理论，学习过程不仅包含知识传递，也包含知识和技能的生成。在这个过程中，学生应该作为学习的主体，而教师则要鼓励学生进行自我评价和自我反思。

2. 人本主义

人本主义教育理论是西方人本主义心理学的研究成果，它产生于20世纪50年代末60年代初，通过倡导教育革新运动冲击了美国的传统教育。我国是在20世纪80年代开始涉及人本主义教育思想的，该教育思想目前已成为世界各国教育界推崇的重要的教育思想。人本主义提出，教育目的不仅是传递知识，更重要的是通过发展学生学习自主性从而提高学生的学习能力。然而，在以成绩为准的终结性评价为主的评价体系下，对于学生智力的评判以他在学习过程中最终的笔试成绩为依据，致使很多学生被考试成绩束缚，如若学生答试卷的最终成绩不尽如人意，学生便感到失望、沮丧，失去了学习的兴趣和信心。

人本主义理论强调教师在教学上的指导，教师的主要作用是帮助学生创建适宜的学习情景，从而使学生主动地完成学习任务。评价学生的时候，教师要从学生的角度观察学生的学习情况，善于了解学生的心灵世界，为学生着想。主张教育不在于教会学生很多知识，而在于教会学生怎样进行学习，使学生能够掌握独立学习的方法完成学习任务，这一点对目前教育中只重视知识传递，而不顾及学习方法的情形是有益的。因此，教师要改变过去陈旧的教学观，要接受学生的差异性，发现学生的优点，适时给予引导，因材施教，而不是把学生单纯地按照统一的标准去培养。

在实际的教学过程中，教师既要培养学生的学习自主性，也要通过学生的自我评价分析学生的差异性，因材施教。人本主义理论要求教师要重视学生在学习过程的质性评价，从而增强学生自我评价的能力。

3. 教育生态学

教育生态学理论主张要以学生为主体进行教学活动。在教育生态学的理论指导下，研究如何培养学生的学习自主性，如何指导、帮助学生进行知识的建构等问题。教师要在课堂上提供给学生自主权，学生进行自主预习、自主探究和自我评价。教师引导学生学习，真正的学习过程不能由教师代劳。教学过程中由教师主导转变成学生自己主导，教师在教学过程中角色发生了改变，成为学习的促进者。

从教育生态学理论可以得出，教师若想促进学生的学习，其中的决定性因素不再是教师的专业技能，而是要为学生营造出适合的学习环境，采用科学、有效的教学管理方法。因此，教育生态学理论为高中英语课堂质性评价体系提供了有力支持。

三、高中英语生态课堂质性评价体系

（一）选择不同的质性评价方式

1. 学生质性评价方式

质性评价方式分为：课堂即时评价、成果分析评价等。

（1）课堂即时评价。课堂即时评价是指学生对自己的学习情况、学习方法和学习态度这些方面进行自我评价，评价是即时的，主要为了鼓励学生以及让学生对自己的学习情况进行即时评价与反思，帮助学生更好地学习英语。

课堂即时评价在高中英语教学中是一种很有效的质性评价方法。在课堂学习之后，学生需要对自己在课堂学习过程中的表现进行评价，学生们会认识到自己学习中的不足，对自己学习的方法及时做出调整，进而在学习过程中获得进步与发展。而且除了教师对学生进行课堂评价，学生也可以对自己的学习情况进行评价。学生的课堂即时评价是为了明确今后努力的方向，通过对自己进行评价，找出自己在学习过程中的不足并进行改进，从而提高学生的英语水平。

课堂即时评价是学生从知识与技能、过程与方法、情感态度与价值观三个方面对自己的英语学习情况进行自我评价，认识自己的不足，进而弥补自己的不足，正确看待自己的学习知识掌握程度，完善自己的英语学习。高中生对自己的英语学习程度有相对的自我评价能力，知道自己的学习问题出现在哪些地方，可是与成人相比，他们在许多方面有不足，所以他们的自我评价需要教师给予正确的指导、建议以及帮助。虽然高中生在英语课堂中的自我评价有些方面不成熟，但是教师应该给学生机会让他们学会尽力客观地评价自己，正视自己的学习问题所在并找到相应的解决方法。

（2）成果分析评价。学生对自己的学习成果评价，是指学生根据教师提供给自己的成果分析评价单对自己在课堂上完成的学习成果进行评价。在高中英语学习中，学生在教学过程中完成的课堂任务被看作学生学习的成果。学生通过填写自己的学习成果评价单了解自己在学习过程中存在的问题，并具体地阐述自己出现问题的原因。学生可以在以后的学习过程中对自己的问题加以训练，从而完善自己的英语学习水平。

第一，学生对自己的成果分析评价，让学生更加清楚自己在完成学习任务中哪些方面不足，需要在课后继续努力弥补和完善自己的英语学习成果。

第二，学生对自己的成果分析评价，能够让学生了解自己在学习英语的过程中应该注

意哪些方面，并在平时学习和训练的过程中加以注意，不再犯同样的错误，提高自己的英语学习效率。

第三，学生对自己的成果分析评价，能够让学生分析并找出自己不足之处的原因，并让学生能够针对自己不足之处的原因调整学习计划与学习策略。学生对于自己的成果分析评价可以让教师了解学生成绩背后的原因，并在课后对学生进行辅导。

2. 教师质性评价方式

课程改革的深入，伴随着质性评价的发展，许多一线教师开始把一些新的课堂评价方法应用于自己的课堂，就是质性评价方法。

（1）课堂观察评价。课堂观察评价是质性评价方法体系之一。教师在英语教学的课堂中并不只是教学内容的呈现者，应该是教学过程中的观察者和评价者，认真地观察学生的学习过程，并对学生完成课堂任务的情况进行评价。从学生的角度去想问题和探讨问题，教师同时也应该努力成为学生的伙伴，和他们一起质疑、交流、探究、讨论。

可以从课堂参与度和课堂任务这两个方面对学生进行课堂观察评价。

第一，课堂参与度。课堂参与度是学生在教学过程中的行为表现。当教师进行提问的时候，教师会观察到学生的行为举动不一样，有的学生听到教师的提问指令，会立即把手举起来向教师示意，然而有的同学则低头不语。教师可以了解到学生课堂参与度的不同。能够积极参与课堂并正确回答教师的问题，表明学生在教学过程中认真听讲，学生对课堂学习主动性很高。然而，没有积极参与课堂提问的学生，说明学生的学习主动性不高，需要教师采取进一步的引导，让学生参与到课堂教学中，并应该试图在课堂上随机提问。

第二，课堂任务。教师在课堂教学过程中会给学生安排一些学习任务，并通过提问检查学生完成课堂任务的情况。课堂任务提供给学生的任务是选择，而不是建构的一种反应。也就是说教师更多是让学生做出答案的选择，而不会给学生充足的时间思考自己的答案。在实际的教学过程中，教师不应该只重视自己的教学进度，还要拿出一定的精力关注学生课堂任务的实际完成情况，进而提供给学生更多的课堂表现机会和独立思考空间。每次当学生回应教师课堂提出的问题时，教师可以进一步提问学生是如何找到答案的。透过学生试卷的背后去了解学生和走近学生，这是课堂观察评价的一部分。

（2）成果分析评价。教师对学生的成果分析评价，是指教师对学生完成的课堂任务成果进行评价，教师从学生的课堂任务成果中了解和获得学生对于英语学习实际的掌握情况，并根据学生的实际情况做出评价，特别是在高中英语学习中，学生平时完成的课堂学习任务。教师对学生在英语学习过程中完成的课堂任务情况进行评价。

第一，评价应该全面具体，质性评价更加注重以人为本，教师对学生完成课堂任务的情况进行评价。评价以促进学生的发展为目的，对学生的评价结合学生的自身学习状况和学习成绩进行评述。

第二，尊重学生的差异性，每个学生都是独立的个体，他们应该是丰富多彩、不可复制的。针对学生的差异性，对学生完成课堂任务中出现的问题进行具体问题具体分析，因材施教。

第三，评价要有发展性的动态，评价的标准不是一成不变的，评价的标准还要跟随着学生的发展而变化。评价是以促进学生学习与进步为目的，评价要求要随着学生的进步而提高。

教师不仅要对学生的试卷做出客观的成绩评分，还要透过学生的成绩去分析学生成绩背后的原因，这也对教师的评价提出了更高的要求。

（3）访谈评价。教师在进行访谈评价时，可以及时了解学生在课堂教学中的学习成果和存在的问题，进而改变教学实施的相应教学方式和方法。所以，访谈不仅是教师和学生之间的相互交流、探讨与合作，也是教师为了了解学生所收集评价信息的途径。

教师在对学生进行访谈时要注意控制自己的主观因素，在合适的情境中对学生进行访问。访谈的过程中有一些背景因素会影响评价的合理性，例如：是否充分地考虑学生的性格特点，是否给学生创设了一个适宜的交流环境，是否能够准确地记录评价信息。教师在访谈过程中还要注意：①根据访谈内容制订访谈计划，对访谈的内容要进行整理，最终达到访谈的目标；②控制好访谈的时间；③教师要整理好访谈的记录内容，提取有效信息。

（二）评价结果的分析和反馈

1. 为教师提供反馈

当完成一个单元教学后，教师将全部的评价单进行回收并进行最终的归纳总结。教师需要做的是在对学生的评价结果进行归纳总结的基础上，就每个学生的英语学习具体情况进行具体分析，找出他们在学习上的优点和不足。在对最终的学生的学习结果进行分析归纳的基础上，教师可以得到不少的启发。学生和学生之间是存在差异的，每个学生的接受能力也不同，所以在分析结果的支持下，一方面，对于基础比较薄弱，在英语学习中存在诸多困难的学生，教师要对这种类型的学生进行专门的辅导，不能放弃他们，要给他们更多的鼓励，让他们拥有学习的信心，以尽快弥补自己的缺漏，从而达到提高英语水平的目的；而另一方面，教师要通过研究结果进行自身的问题分析，当学生的接受度产生比较大的差异时，教师应该考虑自己在授课时是否能够做到教授的内容能为大多数的学生所接受，上课时是否一味追求教学进度，而没有考虑学生的个体差异及不同需求，要从多个角度来看问题，这样才能取得更好的教学效果，才能更好地完成教学任务，通过帮助学生解决学习过程中的难题与困惑，与学生建立起一种和谐融洽的师生关系，达到课堂系统的生态平衡。

2. 为学生提供反馈

教师要将学生的评价单进行收集和整理，学生也要站在自己的角度来分析问题，与其他同学相比自己出现的问题在哪里，差距在哪里，要进行自我反思，这样才可能在以后的学习中有较大的进步。再结合教师的评价，学生会更清楚地知道自己的不足和优点，根据问题调整学习策略和学习态度，在未来的学习中才能一点点地进步。最好的学习方法就是兴趣，兴趣一旦产生，学习就会产生动力。并且，在学生的自我评价中，这不仅是一次自我反思的过程，还是一次自我解读的过程，深刻剖析自己的优缺点可以帮助学生实现自我飞跃。针对学习中有诸多不足之处的学生，教师要尽可能地多关爱他们，帮助学生解决学习过程中的困难，要以鼓励为主，以增强学生克服困难的信心，这样在教师和学生的共同努力之下，顺利完成学习任务，提高学生的综合语言运用能力。

3. 根据反馈的结果调整教学安排

教师需要进行学生评价表的收集与分析工作，依据分析的结果，适当调整教学计划和教学安排，将教学效果达到最优化。

对于听说课的评价，在课上，教师对学生进行课堂观察评价，了解学生对于听说课的导学案完成情况，并根据导学案的内容对学生进行抽查，检查学生能否掌握并记住听说课单词语法的读音和用法。学生之间进行分组，并进行组内预习交流，讨论并归纳出完成导学案过程中的疑惑和难点。如果学生的问题在组内得不到解决，学生可以寻求教师的帮助。学生完成组内交流，教师要对学生进行成果分析评价，检查学生的背诵情况，进行抽查，看学生能否流利地背诵对话，能否知道在何种情景下可以把听说课的内容应用到实际生活中。教师的课堂观察评价和成果分析评价之后，学生要学会对自己出现的问题进行分析，从自身的角度评判是否掌握听说课中的单词和语法的使用，是否能够达到自我评价的优良程度。如果评价结果的反馈是学生没有很好地掌握，那么教师需要调整接下来的教学内容，使学生能够更好地提高自己的听说能力。

对于阅读课的评价，教师需要抽查学生完成导学案的情况，看学生是否能够掌握并记住阅读课的单词和语法，理解课文的中心大意，能否准确地完成相应的练习题，对文中的重点词汇和句型能否掌握。学生之间进行分组，并进行组内预习交流，讨论并归纳出完成导学案过程中的疑惑和难点。如果学生的问题在组内得不到解决，学生可以寻求教师的帮助。学生完成组内预习交流之后，教师要对学生进行成果分析评价，检查学生是否读懂课文和理解文章的主旨，并让学生指出原文的提示。最后学生要对自己在阅读课中的表现进行自我评价。了解自己学习过程中的问题并对自己的问题进行反思，从而改进自己的学习方法，提高自己的阅读能力。

对于写作课的评价，第一，教师通过提问对学生的导学案的完成情况进行课堂观察评价。第二，学生之间进行分组，组内进行讨论和归纳出自主预习过程中的疑难点和问题。学生之间解答疑难点，如若学生之间解决不了，求助教师。学生组内交流后，教师会抽查几位学生的导学案完成情况。第三，查看学生的作文是否按照要求进行写作。教师要求学生在课上读出自己的作品，并对学生的作文进行分析评价。第四，学生对自己进行评价，了解自己在完成写作任务的时候存在哪些方面不足并在课下努力练习写作，从而提高自己的写作水平。在今后的写作课上，教师会适时调节教学中的各个环节，留给学生更多的时间完成学习目标，让学生认清自己的学习状况，对学习中发现的问题要及时进行反思。

总而言之，学生的课堂评价，可以让教师充分了解学生的表现并对学生的英语学习情况进行分析，从而及时调整教学。教师还可以在课下找到学生进行谈话，让学生进行课堂教学的畅谈，了解学生的需求，以便让学生更好地学习英语。在整个生态课堂系统中，教师与学生之间知识与信息的交流互动确保系统的稳定与平衡，以学生的自我评价为主，体现了生态课堂的"生本"思想，尊重学生的个体差异及发展，实现了课堂生态系统的多样发展。

四、质性评价对英语教学的启示和建议

（一）对教师教学的启示

生态课堂的质性评价体系对学生学习英语有积极的作用，与此同时，有利于体现学生在学习过程中的主体地位，培养学生的英语学习自主性，提高学生对自己学习情况进行自我评价的能力，也能提高学生学习英语的知识水平与能力。

学生课堂自我评价反馈回来的信息可以帮助教师发现导致学生得出错误答案的原因，找到症结，作为一个错误事实，在发展成学习习惯之前，及时弥补和调整自己的教学思路、行为和手段。此外，学生的自我评估可以消除可能出现的教师和学生之间的不和谐，为教师评价提供一手资料，使教师的评价更客观，学生更容易接受评价的结果。

教师培养学生英语学习自主性的过程中，通过使用导学案让学生了解学习内容的同时，也需要思考怎样对学生在英语学习过程中进行指导。教师的教体现在如何让学生学会通过自己已有的知识与经验去认识和掌握新的语言知识和技能。教师对导学案的设计与编制是为了提供给学生在学习过程中的指导与帮助，让学生在英语学习过程中有计划、有策略地认识和掌握新的语言知识与技能。

教师在激发学生学习英语的兴趣和动机的前提下，培养学生学习英语的自主性，提高学生的英语学习能力和英语学习成果。

教师同时还须需鼓励学生对学习过程中出现的难点知识进行自主思考。如若学生在学习过程中遇到难题，教师需要为学生的疑难题进行解答并提供帮助，协助其完成语言知识技能的学习。

教师还需要为学生提供交流和表达的机会，让学生不仅能加强和巩固语言知识，提高自己的英语技能，也能提高自己的社交技能。

（二）对学生学习的启示

学生需要转变学习观念，认识到自己应对学习负责，适当地减少自己对教师的依赖程度。学会积极主动地学习，让自己成为学习过程中的主人。无论何种方式的学习，学生都要意识到教师能够引导自己进行学习，而不能代替自己去学习。所以，学生要学会在教师的指导下进行自主学习。

学生需要根据教师提供的导学案进行自主预习和自主探究，进而主动地进行英语学习，提高学生学习英语的自主性和学习成果。

学生在完成教学任务之后，需要对自己在课堂学习过程中的表现和学习成果进行公正和客观的自我评价。学生的自我评价充分发挥自己在学习过程中的主体地位，评价、反思自己在学习过程中出现的问题，进而不断完善提高自己的语言知识与技能。

（三）质性评价实施过程中的建议

（1）学生对自己学习情况的自我评价要保证客观性和真实性。通过自我评价，学生对自己在英语学习过程中的优点和不足进行评价，从而主动地改变自己的学习策略。在高中阶段，学生有一定的自我评价能力，对自己的学习情况进行深入的评价与反思，可以提高自我评判能力，从而保证自我评价的公正性和真实性。

（2）教师评价是对学生自我评价客观性和公平性的补充。高中学生虽然具有一定的自我评价的能力，但他们的评价能力仍在发展阶段。教师要引导学生准确地进行自我评价，这样才能提高学生的学习自主性，促进学生在学习过程中的进步与发展。

（3）教师应在教学过程中进行课堂观察评价和成果分析评价，针对学生喜欢的课堂教学评价给出具体的描述与分析；同时，课后教师应该完成相关的访谈，并收集和整理访谈信息资料，了解学生是否喜欢这种评价方式，并说明原因以及该评价体系对学生英语学习带来的影响。

（4）学生在完成课堂学习任务之后，教师会发给学生自我评价单，学生需要填写自我评价单，对自己在课堂学习过程中的表现进行自我评价。学生的自我评价单在当天的课后完成，不需要占用课堂时间，以免耽误课堂教学的进度，教师需要及时收集学生的自我评价单，了解学生的学习情况。成绩较低或缺乏学习自主性的学生可能会在自我评价单上填写不真实的评价数据，使教师不能更好地了解学生的学习情况。教师需要引导学生做出客观真实的评价，用以帮助学生解决问题，最终提高学生的学习成果。

第三节　生态视阈下高中英语课堂教学活动优化

生态课堂关注学生内心发展，追求生命的价值，尊重其差异性，力求学生在和谐平等的氛围中习得知识。生态课堂运用于教学活动中，就是要将传统的活动变得丰富多彩，能够让学生从活动中夯实学习基础，发挥自己的潜能，增强自我认同感，获得学习的幸福感。

一、生态课堂的优越性

生态课堂回归自然的生长。学生的发展应该回归于自然，在成长与学习中取得主动地位，对高中生身心发展来说，回归自然的教育方式仍具有重要意义。生态课堂强调学生作为教学活动的中心，在自然的情境下以主体发展为导向，教师转变角色参与合作、提供知识、引导学生。能够真正做到尊重学生差异，因材施教，顺应学生的身心发展规律，留给学生思考的空间，让他们根据已有的知识去建构新的知识，学会探索，学会思辨，学会创新，挖掘自身的潜能，全面展示自己的个性，实现生命的自然成长。

生态课堂是持续发展的课堂，教育是可持续发展变革，提高人们社会理想转变为现实能力的主要途径，但如何将教育可持续发展这个抽象概念落到实处是我们现在应该思考的问题。而生态课堂最基本的一个特点就是可持续发展，简而言之，就是要确保公平的优质教育，促进终身学习。教师只有教给学生学习的方法与策略，将被动式的学习转化为主动探究式学习，真正融于课堂之中，才能实现生态课堂的可持续发展。

生态课堂是互动合作的课堂。"合作"是不同的个人与个人，群体与群体之间为达到某一共同目的，互相发挥其自身的优势做出的联合行动。在生态课堂中，不仅要求师生之间的互动与合作，更注重学生与学生之间，小组之间合作，只有通过分享，才能更好提升学生参与感，学生也才能更好融入课堂。传统课堂的教学活动太过僵硬，学生没有真正地参与其中，只是一些浮于表面的活动形式，为了完成教师布置的任务而活动，教师通常置身于活动之外，整个过程流于形式，没有达到"互动合作"的真实目的与思想火花的碰撞与交流。

生态课堂是民主、平等的课堂。师生关系是教育过程中最基本的人际关系，一堂优秀的课堂建立在和谐的师生关系上，教师作为学生所尊敬、信赖的对象也对学生的学习态度起着至关重要的作用。在生态课堂的理念下，师生在人格上是平等的，可以进行民主的交互活动，营造和谐的教学氛围。人格的平等不仅是师生之间，也存在于学生与学生之间，尽管每一位学生的学习成绩各有差异，但他们应该有平等的享受教育资源的权利。

二、生态视阈下教学活动的优化

活动是英语学习的基本形式，是学习者学习与尝试运用语言理解与表达意义，发展多元思维，培养文化意识，形成学习能力的主要途径。在生态课堂的视角下，如何将学习理解、应用实践、迁移创新类的活动运用于实际教学中，做到课堂活动的优化，这便是难点所在。

（一）生态视阈下学习理解类活动的优化

学习理解类活动主要包括感知和注意、获取与梳理、概括与整合等基于语篇的学习活动。在生态课堂中，强调以学生为中心的课堂，教师不再是主导者，学生转化为参与者、创新者、合作者。在教师的引导下学生需要通过自己的兴趣特点，去探索知识，变被动为主动。教师需要有效地创设一个自然情境，构建生态课堂。情境要尽可能地生活化、故事化、开放化。只有这样，学生才能够在活动中敢于展现自我，集中注意力，诱发其思维的积极性，从而更加自主地参与课堂中知识的获取与问题的解决。因此，教师需要通过多种方法了解学生的需要，采取一些强化和训练手段内化为学生自己的学习需要，创设"问题情境"，恰当设疑，促进学生的思考；减轻负担，留给学生思考时间；加强引导，帮助学生尽快掌握自主学习；教给学生合作探究的方法，落实启发式教学。

（二）生态视阈下应用实践类活动的优化

应用实践类活动主要包括描述与阐释、分析与判断、内化与运用等深入语篇的学习活动。在课堂活动研究的实施过程就是要将研究构想放置于具体的课例中加以运用、观察、验证、反思和分析，最后能够推理到问题解决当中，英语学科不仅是一门技艺与实践紧密结合的语言学科，又是一门包罗万象、涉猎广泛的知识学科。生态课堂强调开放式的教学环境，外语学习的过程就是学习者与教师在教学环境下不断交往互动的过程，交互是生态课堂信息流转的动力，教学活动受其他环境因子的影响，需要形成一种协调共生的关系，才能将教育资源有效地利用，完成教学目标。生态课堂所倡导的体验、合作、探究对应用实践类活动的优化起着重要作用，在生态教学理念的指导下落实应用实践活动，有利于培养学生的自主活动和良好习惯的养成，进一步深化学习理解类活动，将所接受的知识转化为有实用性的能力，保障教学的真实性。

（三）生态视阈下迁移创新类活动的优化

迁移创新类活动主要包括推理与论证、批判与评价、想象与创造等超越语篇的学习活动。迁移创新类活动是要求在学生原有知识结构的基础之上，打破原有的思维模式，由一般到特殊，发挥其主观能动性，获得不一样并且特殊的创造性结论的思维模式。每一个生物都是大自然的产物，在生物圈中不可或缺，都有其存在的意义。在教学活动中，要求发扬学生的个体生命，激励与鼓舞学生的个性特点，发挥其自身的潜能，激发其思维的活跃性，用批判性的思维认识世界，彰显生命的价值，提高认知能力。创造性思维的培养常用的方法有：发散思维训练、推测与假设训练、自我设计训练、头脑风暴法，这些方法的使用与生态教学观不谋而合，生态课堂是和谐的课堂，它为学生的创新性思维提供"心理安全"，让他们敢于提出新问题，打破原有的思维定式。

综上，将生态课堂的理念与核心素养的英语学习活动结合起来，有利于树立"以人为本"的学生观，促进学生的全面发展，培养学生的创新精神、实践精神以及终身可持续发展能力，实现个体价值。因此，在英语教学活动中，教师需要将理论与实际结合起来，践行生态课堂教学观。

第四章 生态视阈下高中英语课堂阅读教学

第一节 英语阅读教学中的影响因素

一、英语阅读教学中的词汇量

（一）词汇在阅读中的地位

人们普遍认为词汇量与阅读之间有直接的联系。一个人知道的词汇越多，阅读理解就越好，因此，很多教师试图通过词汇教学来促进阅读理解，然而忽略了其他方面的因素。虽然词汇知识在阅读中有着重要的地位，但是如果在阅读教学中，只强调词汇教学，无论是对阅读水平的提高还是对整个英语能力水平的提高都是不利的。

阅读的重点是从学习阅读转变为从阅读中学习，交互作用模式认为，在阅读过程中，人们运用两种方式进行信息处理：①自下而上的方式；②自上而下的方式。

自下而上的方式指学生从语言的最小单位——字母和单词识别开始，逐步弄懂较大的语言单位，即短语、分句、句子及语篇的意义。自上而下的方式强调学生在阅读过程中是主动参与者，他们不是逐字逐句地去理解文章，而是运用背景知识并结合教师的预测在上下文中找出有关信息。

阅读应该是一个能动的、积极的思维过程，是一个人脑中新旧信息相互作用的过程，在阅读教学中，教师应该注重影响阅读水平的诸多因素，而不是只关注词汇知识或其中某一方面的因素。

（二）词汇必要性

词汇是语言的三大要素之一，更是阅读理解的基石。学生在阅读理解时所遇到的首要问题是词语障碍，没有一定的词汇量做基础，就谈不上理解能力的提高。提高阅读的一个重要内容是扩大词汇量。其必要性表现在以下几个方面：①词汇量一定程度上决定了阅读理解能力，词汇量越大，阅读得越广，视野就越开阔，阅读理解的得分就越高。②有限的词汇量必然会影响阅读理解能力的提高。生词的含义只有在上下文中才能完全展现出来，并易于识记、理解、掌握。③多读是扩大词汇量的很好方法。不仅要读不同体裁的书和文章，而且要多接触不同题材。

（三）阅读与词汇量的关系

英语课程标准的一个突出特点是将学习策略和文化意识列为英语课程目标的重要组成部分，其中学习策略是提高学习效率、发展自主学习能力的保证，而提倡自主学习是英语课程改革的一个重点。自主学习不仅有利于提高学生在校的学习成绩，而且是学生终身学习和终身发展的基础。英语阅读策略是学习策略的组成部分，有利于提高学生的英语阅读效率和阅读水平，增强学生学习英语的自信心。

英语学习中有许多跨文化交际的因素，这些因素在很大程度上影响着英语的学习和使用。一些来自美国的教材蕴含着浓厚的英语文化色彩，不仅可以提高英语阅读能力，更可领略丰富多彩的异域文化，以加深对英语文化的了解与理解，培养文化意识。

提高阅读水平，词汇量与短语量非常重要，词汇就是阅读英语的基础，没有相当量的英语词汇，英语阅读是无法进行的。所以要提高阅读水平，学生就得学会积累词语。

二、英语阅读教学中的阅读习惯

良好的阅读习惯会提高英语阅读速度，对英语学生产生持久深远的影响。

（一）培养良好的阅读习惯

（1）要尽力地抑制嘴唇动作和低声阅读。学生由于受到朗读习惯的影响，当他们看到字母、单词或句子时，就会不自觉地发出相应的声音来。有的学生虽然不发出声音来，但他们的嘴巴总是在不停地嚅动，实际上心里还是在朗读。要提高阅读速度就必须克服嚅动和出声的习惯。教师应注意观察，随时提醒学生，或在默读训练时，让他们在口中含一粒糖，以帮助改掉嘴动和出声阅读的不良习惯。

（2）指导学生依靠眼睛逐行阅读，避免指读。一个字一个字地指着读的习惯会减慢阅读速度。教师应向学生讲清阅读时注意力应集中于阅读材料的内容，而不是书页上每个字的位置。阅读时应依靠眼睛灵巧地在书页上逐行移动，而无须借助于手指或其他物品。教师可示范用眼睛逐行移动阅读的正确姿势，要求学生注意纠正用手指读的习惯。

（3）培养按意群阅读，用英语思维的视读习惯。视读就是按意群去"看"的阅读方法。通过视读可以更好地去理解、明确全句的意思，也可以更准确、全面地理解、把握整篇文章。

如果想进一步加快阅读速度，就必须扩大视距。视幅增大了，阅读速度当然也就提高了。视读训练的过程要求学生必须集中精力，眼睛不停地往下看。由于思想集中，也不至于形成假读。

（4）克服回视，养成"预见"下文的习惯。阅读时碰到单词或句子看不清或看不懂，眼睛要回视已经读过的句子，并且停顿次数很多，这是自然现象。但有时即使没有生词或难句，因为不放心已经读过的词句，也要回视或停顿，这就养成了回视的不良习惯。

克服这一不良习惯的办法有：①可要求学生养成一目了然的习惯，尽量控制学生不要回视；②要在阅读过程中养成预见下文的习惯。研究视力的专家认为，眼睛是大脑的延伸。学生不是被动地用眼睛跟着文字的排列而运动，而是主动地用眼睛搜寻信息，然后通过大脑进行判断、推理，从而大致预见下文。预见性越高，理解的连贯性就越强，阅读的速度越快，理解能力也就越强。

（5）培养科学地推测语义的能力，养成理解性阅读的习惯。在阅读过程中学生难免会遇到一些不解的词或一些深层含义与表层含义不一致的表达，如何处理这些阅读障碍直接关系到阅读速度和理解的准确程度。此时，学生可以通过这些途径来解决：①判断某些生词有没有进行精确猜测的必要；②根据词性或构词法进行判断；③根据句子中的同义、反义、同位关系进行判断；④根据文中对某一生词的直接或间接解释来弄清该词的含义；⑤根据因果关系猜测词义；⑥依靠常识和经验来推测语义。

（二）养成快速阅读的习惯

（1）限时阅读。英语阅读速度因人而异，学生可根据本人的英语水平、读物的长度和难度、题材等规定出阅读时间。计时阅读的目的是从时间上约束学生，迫使学生定时定量地达到阅读目标，以便养成快速阅读习惯。现在国内外都出版了许多训练快速阅读的书籍，学生可以利用这些材料先在限定时间内阅读一定量的文章，再试做各篇材料后面所附的习题，并对照答案，比较历次答题情况从而测出学生的理解程度和阅读速度。

有条件的学校可开设泛读课，有步骤地进行阅读训练。另外，教师可以将现行教材的阅读课文当作限时阅读材料在每堂课前几分钟使用，效果很好。但教师必须先设计好阅读理解题。

（2）整体阅读。学会整体阅读（即注重文章大意，不究细节）。很多情况下对文章的宏观理解远远重于对某些细节的精确掌握，它有利于学生调动以往的知识与经验去领悟作者的意图，掌握中心思想和组织结构。阅读中切忌在只言片语上长时间滞留，要学会用英语思考，即直接用英语接收信息，避免出现将英文翻译成汉语再去理解这一中间环节。

（3）粗读与细读的转换。要处理好粗读与细读的关系。碰到优秀的文章，作为学习语言的学生至少要读两遍，第一遍为粗读，第二遍为细读。粗读的目的有两个：①温习学过的词汇、词组和句式；②提取信息，扩充知识。

细读的目的同样有两个：①学会运用新词汇、新词组和新句式；②训练思维，提炼观点直至发展观点加以创新。既然第一遍为粗读，这就要求学生不在语言结构上进行长时间的停留，重要的是把握作者的思想，发挥学生的想象。

文章读下来，要虽有"语断"但无"意断"，流畅顺达，一气呵成，速度要快。读完第一遍后可短暂停顿用于思考，提出创见。第二遍为细读，学生的任务也非常明确，即在语言结构上下功夫。语言的学习是离不开语境的，正是由于学生有了第一遍粗读的基础，熟悉了上下文，学生才有可能更好地学习语言甚至运用语言。这样具体语境中学到的词汇、词组和句式不再像词典或语法书上那么呆板冷漠、缺乏生气，而是变得生动活泼、灵气十足。由此可见，粗读和细读的关系对语言学习起着多么重要的作用。

综上，若能解决好以上三大问题，学生是可以养成良好的阅读习惯的。因此，学生要有学好英语的坚定意志和攻关精神，持之以恒；还要有科学的学习方法，教师应给予学法指导。做好这些，良好的阅读习惯便会水到渠成。

三、英语阅读教学中的心理因素

阅读中的心理因素对于学生的阅读有很大的影响，在一线教学的英语教师，特别是在农村中学任教的教师，对学生的英语学习过程都会有这样的认识：好奇—感兴趣—失去兴趣—失去信心—厌烦—反感。教师必须牢记"教育必须面向全体学生"和"一切为了每一个学生的发展"，提高自身的业务素质，改革教学方法；应从实际情况出发，努力运用教育心理学的原理，研究学习英语的心理过程，及时有的放矢地对学生的心理进行精心矫正，消除学生学习英语的心理障碍，才能搞好英语教学，提高英语教育质量。同时，随着素质教育的进一步深化，学校要进一步减轻学生负担，提高学生素质。策略包括：

（1）积极构建民主和谐的师生关系。在教学中教师要把学生作为一个平等的人来看待，真诚地爱护每一个学生，让学生觉得教师既是一个可亲可敬的长者，又是一个能互相帮助的朋友。这样，就可以更好地激发他们的情感因素，调动学生内在的学习动力，培养学生较强的学习动机，激发学生浓厚的学习兴趣，克服心理障碍，敢于表现，敢于质疑问难，敢于向教师理论，敢于动手寻求知识，敢于向困难发出挑战。

（2）端正学习态度，明确学习目的。在教学中，教师要注重培养学生勤奋好学的良好品质，要让学生明白英语的学科价值，使其增强克服英语学习心理障碍的自觉性，积极主动地投入学习之中。

（3）注重学法指导，提高学习效率。任何一门学科的学习都离不开科学的方法。首先要让学生制定长远目标，明确每节课的学习任务，争取课内外各种机会多练习英语。教会学生课前预习、课上听讲、课后复习的方法。教会学生各种学习策略，如学习听力的方法、学习口语的方法、学习阅读的方法、学习写作的方法、记忆单词的方法、考试的方法等，让学生产生一种事半功倍的感觉，从而克服各种消极心理，提高学习英语的兴趣和积极主动性。

（4）注重自身素质，加强教法研究。社会在发展，科学在进步，语言在变化，英语教师若不与时代同步前进，势必落后于时代而使自己不能胜任教师工作。

明确教师的素质在消除学生心理障碍方面的重要作用。教师必须刻苦钻研业务，勇于进取、善于总结，不断更新自己的知识，提高自己的业务能力和教学水平；教师应在遵循教育教学规律的前提下，根据教学内容的变化而选择恰当的教学模式和不同的教学方法，选择适合于学生自主参与的教学模式，促进学生自主参与学习过程的积极性。

（5）采用多种评价方法，激发内在学习动机。教师要善于正确评价学生，捕捉学习英语的闪光点，多运用激励教育和成功教育，培养学生的自信心。教师不但要善于正确评价学生，还要教学生学会客观地评价自己，逐步培养自信心。

四、英语阅读教学中的文化知识研究

文化是人们所思、所想、所言（言语和非言语）、所为、所觉的总和。在不同的生态和自然环境下，不同民族创造了自己特有的文化，也被文化所塑造。语言受其文化制约，同时也是文化的载体。阅读理解的每一个过程都涉及学生的文化背景知识。

在阅读理解过程中，学生语言因素很重要，只有借助文化知识的帮助，才能读懂字里行间，因为词的意思是在一定文化环境下形成的。如果学生不了解英语文化、历史、价

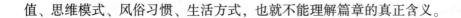

值、思维模式、风俗习惯、生活方式，也就不能理解篇章的真正含义。

（一）文化背景知识

1. 文化背景知识的重要性

文化知识对学生有很强的吸引力，教师生动、形象适度的介绍会激发学生用英语进行交际的强烈欲望，促使学生保持旺盛的求知欲，带着浓厚的兴趣主动积极地学习。培养学生对英语语法结构、文学作品和语言逻辑问题的思维能力和想象力，在中西文化比较中进行英语教学，定会取得事半功倍的效果。

（1）语言与文化的联系。语言与文化是相互依赖、相互影响的。语言是文化的重要载体，是文化的一部分，文化对语言有制约作用，文化的差异会引起语言的差异。例子在教学中可以说是时有发生，它留给学生的思考就是，教师在进行语言知识的传授时，只重视语言知识的正确性，而忽视了语言知识之外的文化背景知识。所以，学好英语并不仅仅意味着学好语法、句法、语音和字词，学生还必须熟知持这种语言的民族的生活和思维方式，亦即文化。

（2）文化背景知识与阅读理解英语阅读的联系。阅读是一种手段，人们通过阅读获取有用的信息，把握作者的意图，理解才是阅读的目的。阅读是一个积极主动地思考、理解和接收信息的过程，是掌握语言知识、打好语言基础、获取信息的重要渠道。理解能力是阅读能力的一个重要方面，阅读能力是检验英语水平的重要标准。阅读在英语的听、说、读、写中也起着至关重要的作用。

阅读理解是学习英语的一个重要部分，阅读理解能力的提高有助于人们正确理解多方面事物及准确流利地用英语进行交流。然而，要想提高阅读理解能力需要有丰富的词汇量，它是提高阅读能力关键之所在，是制约英语阅读理解的重要因素。

阅读理解是作者对读物所进行的一种积极思维的过程，但阅读和理解并不是一个概念。要提高阅读理解的水平及速度、做到"会阅读"，的确不是件容易的事。因而，在阅读文章前，增加学生的背景知识显得极为重要。文化背景知识的缺失成了影响学生阅读理解，尤其是深层次推断性理解的一个严重障碍。

（3）阅读课教学的实践。

1）课前几分钟，培养新的词汇学习策略。在英语学习中，学生除了多记词汇外，还必须熟悉英语词汇的内涵和外延，尤其需要掌握其不同的文化内涵。高中词汇教学更注重对词汇所承载的深层含义的理解，更注重表达的灵活性和恰当性。高中的词汇教学重视语篇的支持，在具体的语境中准确地体现单词的真正词义的同时，还要重视文化的影响，这些都要求教师必须结合词汇文化知识进行词汇学习。

2）瞄准时机，拓展贯通。每逢西方的节日的时候，抓住时机让学生讨论一些重要的节日的来源，把这些和中国完全不同的节日介绍给学生，自然就引起了学生对英美文化的向往，提高了学英语的兴趣。

3）讲练结合，加强实践。教学，包括教和学两方面内容，仅仅通过教师这一渠道远远不够，还应让学生自己实践。

4）下课前几分钟，分秒必争。一般下课前几分钟，教师所要讲授的课文内容已经差不多讲完，学生的注意力已经开始分散，其实教师可以利用好这点时间让学生比较一下英汉两种语言在表达相同意义时所采用的不同物象。大概可以从以下几方面巧妙利用英语国家的文化背景知识，培养学生的英语语言技能：

第一，利用英美国家的地理历史知识，培养学生语篇理解能力。英语成为当今世界上最为流行的语言。人民教育出版社的高中教材中，有好几个单元都涉及了英美国家的地理、历史知识。

第二，利用英美国家的社交礼节和文化风俗知识，培养学生的跨文化交际能力。文化风俗在跨文化交流中有着非常重要的意义，如果不熟悉文化风俗，在交流中可能就会产生误解，甚至发生冲突。加强文化风俗和礼仪知识的学习，可以使学生在对外交往中更好地把握尺度，做到有礼、有节。

人类文化何其灿烂辉煌，阅读课中引入的只是极小的一部分，但这可以成为今后阅读教学中的一个方向，因此也能使阅读课真正拥有其自身的特色。

语言教学十分注重交际能力的培养，但是，如果仅仅把交际能力简单地理解为口头会话能力，未免偏颇。因为通过学习，人们不仅力求让具有不同文化背景的人之间能相互进行交流，更多的人则希望能够自如地通过书面形式开展交际活动以获取所需的信息及技术，而且更多的重要信息还是要通过书面形式来确定。近些年来，在语言教学与学习中，很多人越来越清醒地意识到阅读能力的重要性，以及它对其他各项语言技能的促进及推动作用。

阅读理解是一种极其复杂的动态的心理活动和信息处理过程，它并不是一种单向的信息接收活动，也不是通过对词、句、篇的解码而获得意义的过程，而是学生已有的语言知识、背景知识等与阅读文本之间相互作用的动态过程。在这一动态过程中，文本以其语言文字形式、内容和结构作用于学生，向学生提供信息，同时学生也以自己已有的知识作用于文本。

2. 文化背景知识在英语阅读中的应用

文化背景知识是阅读理解中的一个非常重要的因素，绝非可有可无。因为，阅读是一项涉及面广且十分复杂的技能，而不是一个简单的解码过程。语言和文化是紧密相连的，语言是文化的组成部分，是文化的载体；语言反映着文化，文化又渗透于语言之中，语言与文化的密不可分性决定了语言教学不能脱离文化内容。

3. 文化背景知识的培养

（1）由于外国的文化背景与国内有着诸多不同，教师应更重视对文化背景知识的介绍，教师在教学过程中可以充分利用各种现代化的教学手段拓宽学生的知识面，帮助学生填补知识结构中有关外国文化背景知识的不足与空缺，培养学生的文化意识，增强学生对文化差异的敏感性，从而进一步提高学生的阅读理解能力和语言的实际运用能力。

（2）采取灵活多样的形式让学生开口说外语，如在课堂上可以让学生将各国的历史故事、传说故事、经典电影片段等改编成短剧进行表演比赛，发挥学生的想象力，激发学生学习兴趣的同时也扩充了文化背景知识。

（3）课外引导学生通过不同的途径来获取更为丰富的知识，学生可以通过阅读书籍、报刊，也可以通过广播、电视、互联网来了解更多的信息。

阅读理解是一项复杂的语言与思维相互作用的过程。理解成功与否在很大程度上取决于对学生语言知识和非语言知识（文化背景知识）的掌握程度以及阅读技巧的运用正确与否。学生的文化背景知识一旦触发，在阅读中会比语言能力产生更大的作用。

理解和解码是阅读的两大任务。在英语学习中影响阅读的元素是语言知识、文化背景知识、语言技能和智力因素（思维能力）。掌握语音知识、词汇和语法有助于解码文字信号。然而，在教学实践中，教师发现学生在阅读英语文章时，对于一些既无词汇障碍又无语法障碍的句子或段落常常不知所云，其原因在于对与之相关的文化背景了解不够。每一个社会文化的交流都拥有各自的思维模式、价值观念、风俗和生活方式。没有足够的文化背景知识，学生就无法理解篇章的深层含义。从一定意义上说，背景知识对理解的影响要大于语言知识。

（二）文化背景知识的作用

长期以来，我国英语教学聚焦于语言形式（如语音、词汇和语法），忽视了文化、背景知识的作用。作为文化的载体，语言文化知识是相当广泛的。文化背景知识的缺失，可能会妨碍人们对语言的理解。理解语言不仅依赖对词汇和语法结构的理解，也依赖对相关文化背景知识的理解。英语阅读中文化背景知识的差异可以分为：

（1）历史文化。历史文化是指国家某一历史发展过程形成的文化和社会遗产。在跨文化阅读中，教师常遇到由于不同历史文化引起的阅读障碍。

（2）地理文化。地理文化是指由地区的自然条件和地理环境形成的文化。

（3）社会文化知识的差异。语言的存在和发展受社会的影响，社会现象和历史阶段的词汇反映了社会历史的客观现实。这样的词汇会对学生产生迷惑。

（三）跨文化障碍的原因

（1）思维模式。线性思维和间接思维。用英语交流的国家的人倾向于线性思维，他们直接表达思想，把句子的第一句作为主题，。然后提供素材来支撑它。汉语思维倾向于间接思维，类似体裁。他们习惯于首先描述外部环境，在最后指出主题句，篇章意思以某种有序的、逻辑直线的方式来连接。

逻辑思维和辩证思维。英语强调逻辑思维，使用各种连接方法来完成语法形式；而汉语强调辩证思维，语言表达形式受意思左右，句子是松散的。

（2）价值观念。英汉之间存在着许多不同的价值观念。这些差异导致了不同的思维模式、道德和行为标准。

1）个人主义和集体主义。这表示个人与群体间的关联程度。在个人主义社会中，个人之间的关联较松；个人应该决定自己的信仰和行为，他们对群体、团队和社区忠诚度低。这是西方历史文化和传统文化的结果。反之，在中国的集体主义社会里，人与人之间倾向于形成一个凝聚力很强的整体。

2）独立与从属。独立是西方文化的重要特征，传统的独立精神影响着年青一代。教育模式、社会法则、学校和家庭在各方面不断影响着他们的生活。一般而言，18~21岁趋向于自己解决经济和情感上的难题。因为他们认为依赖父母是可耻的。交朋友、结婚和其他的个人事务是自己的事情，不须得到父母许可。同时，父母们也不干涉孩子的私事，包括婚姻、工作和爱好。在中国，老一辈总是告诉年青一代应做什么、不应做什么。在做决策前，年青一代总是问父母，总是依赖父母和别的亲戚得到机会，比如找个好工作。

（四）消除障碍的方法

（1）提高阅读水平，掌握阅读技巧。语言知识是阅读的必需条件，它直接影响着阅读效果。学生不能理解篇章的字和句子，很难让他们利用信息和课文线索来理解整个篇章。好的阅读技巧不仅可以提高阅读速度，也可以帮助学生在短时间里获取信息。教师应当教会学生各种不同的阅读技巧，培养学生的阅读能力，鼓励他们在学习中正确地使用阅读技巧。

（2）建立和加强文化的敏感性。教师应尽可能选择著名作品或文学名著作为阅读材料，其精神文化是丰富的。在阅读教学中，教师要有意识将语言因素和文化因素结合起来。提到西方节日时，可以适当地介绍节日渊源；应鼓励和引导学生读更多的英语文化方面和历史方面的书籍，包括地理、地方志和风俗习惯等；鼓励学生发现文化现象和文化内涵，比较英汉两种文化，增强对英汉两种文化的敏感性。

（3）阅读和讨论。在读前阶段，一般是提出几个与所读文章主题密切相关的问题来调动学生已有知识与经验，形成一个信息包，同时激活学生思维，根据已知部分信息来猜测课文内容；在阅读中阶段，教师要提出一到两个重要问题让学生带着问题阅读，激励学生分析、合成、概括不同的文化现象；在读后阶段，比较两种文化的不同，提出一些主观性问题。教师应引导学生重新思考，并就文化问题进行思考；应鼓励学生尽量使用目标语，对英语文化有一个更深的理解。

第二节　高中英语阅读教学中的 ESA 教学模式

一、ESA 教学模式的理论基础

图式是大脑将新事物与已有的知识经历有机地结合而形成的一种知识表征形式，是相互关联的知识构成的完整的信息系统。在阅读理解过程中，图式理论强调阅读理解文本和学生已有背景知识交互作用的过程。图式理论认为三种主要图式决定了学生的阅读理解能力，即在阅读理解过程中发挥基础作用的语言图式，是指语言知识，包括语音、词汇、语法和习惯用法等方面；帮助理解文章内容依据的内容图式，指的是阅读材料的主题和内容范畴，包括语篇信息和文化背景知识；形式图式，则是文章体裁，涉及文章行文风格及语篇结构等知识。三者相辅相成，缺一不可。

在阅读理解过程中，学生的语言图式和内容图式发挥主要作用，其中内容图式尤为重要。学生通过语言图式获得内容图式，阅读后在心里留下印象的往往是内容图式而不是语言图式。依据图式理论，ESA 教学模式在投入阶段注重激发学生阅读前的兴趣，并结合现实情境力图唤起学生自己的情感体验，体现图式理论在阅读理解教学中的目的，即旨在读前活动激活学生的内容图式，建立学生大脑认知中原有知识与课文内容相关的文化背景知识的链接。同时，教师还可以列出文中的关键词，激活学生的语言图式；介绍文章体裁，要求学生结合自己的阅读经验，对文章的内容做出判断，从而促进语言图式和形式图式的巩固。

ESA 教学模式的学习阶段，教师应该讲解各种阅读策略并指导学生去运用所学策略技巧，更有效地调动大脑中存在的认知图式去建构阅读材料的意义，不断丰富已有的认知。ESA 教学模式的运用阶段，教师会通过内容丰富、形式多样的练习活动帮助学生训练并巩固已学的图式知识，例如，复述、改写、信息填充、角色扮演和评价等活动，有助于引导学生将新学的知识与已有的知识建立联系，进行知识同化与意义建构，进而丰富学生的认知图式，提高阅读理解水平。

二、ESA 教学模式内容

无论儿童还是成人只要接触并生活在一种语言环境里或与其有联系，他们都能够无意识地学习这种语言，除非他们排斥这种无意识的学习或者是没有足够的机会去听、说和使用这种语言。因此，在课堂环境之外成功地学习到一种语言的儿童和成人之中有着相似的学习经历。

他们置身于语言环境中，尽管不能自发地输出这种语言，但在语言环境的熏陶下多多少少能够理解这种语言；交流激发了学习语言的动机；他们有机会使用这种语言，并能够通过练习进行检测和反思。语言自然习得的过程很难在课堂中实现，但是学校语言课堂中一些必不可少的教学要素却能够帮助学生有效地学习语言。

（一）ESA 教学模式的课堂要素

（1）投入。投入阶段即热身或引入阶段，目的在于激发学生对语言材料的兴趣，唤起学生的情感体验，促使他们进入学习的状态，只有当学生对语言材料有了足够的兴趣，他们才会有学习的动力和愿望。教师可以通过形式多样的语言展示活动将学习引入良好的环境，例如游戏、音乐、讨论、图片、戏剧、角色扮演等，在恰当的引导操作下帮助学生初步了解语言材料的话题或特征，掌握一些相关背景知识，有效地扫清学习的障碍，给予学生一定的挑战，启发其拓展思维，从而有利于学生全身心地投入和参与到学习的全过程。

（2）学习。学习阶段是课堂教学三要素的核心，是指教师利用形式多样的课堂活动，有效地引导学生学会分析理解语言材料和掌握相关的语言知识点，其中，语言结构是学习阶段的重点。在学习阶段，学习和活动方法多样，例如，教师讲解语言材料及其知识点等内容，或者学生自己发现并归纳语言规则，或者小组活动学习词汇、篇章阅读等。

（3）运用。运用阶段是指学生能够在各种形式的练习和活动训练中温习强化所学的知识，自然地结合具体情境和相关话题，并灵活地运用所学语言知识完成有效的交流。运用阶段中重要的不是语言知识点的讲解，而是使学生能够有效并恰当地在具体的环境或话题中使用语言完成交流或解决问题的目的。因而，教师在课堂上可以选择和运用的教学活动方式多种多样，包括角色扮演、协作讨论、小组写作等，教师应引导学生积极投入并参与到课堂教学。活动中，以帮助学生获取直接而有效的学习经验，并能够在实际生活中灵活运用所学知识。

高中英语阅读课并不一定是处理乏味文章的静态活动，而应该是有活力的课堂教学。好的英语阅读课不仅让学生收获语言知识和学会阅读技巧，还能让学生了解到语言文化及其背景知识，甚至提高自身的文化素养。所以英语阅读课堂不只是"学习"要素占主导地位，"运用""投入"更要在整个教学过程中不断因时制宜地结合进来。

（二）ESA 教学模式的课型

虽说英语课堂教学三要素应该尽可能运用到大多数的课堂和教学模式之中，并不意味着教学环节总是投入—学习—运用这样一成不变的顺序。教师惯用的一整套可预测而又枯燥的教学模式会让学生感到厌倦。相反，在 ESA 教学模式指导下，教师的责任是针对不同的教学材料和学习对象，依据具体问题具体分析的原则，灵活地改变课程的内容和顺序，灵活调整三个基本要素的顺序和组合而设计出三种不同的课型：

（1）直线型。直线型模式更适合初级语言学生，教师首先要激发学生的学习兴趣，引导其进入学习接受状态，然后学习准备的有关语言材料，最后组织课堂，通过练习帮助学生灵活运用所学内容。

（2）反弹型。反弹型模式是教师先引导学生投入；越过学习阶段直接进入运用阶段，让学生学习语言内容之前先进行实践语言项目；教师把活动中出现的语言错误和学生遇到的困难进行归纳解释；再灵活运用到实际情境活动中进行学习检测，直到学生完全掌握。这一模式较充分地考虑了学生的认知规律和语言需求。教师通过活动发现学生存在的语言问题进而展开教学，使教与学的联系更加紧密，所以反弹型模式非常适合中级学生。当然，这对教师也提出了更高的要求。

（3）杂拼型。杂拼型模式在适用于实际的教学中更加合理，更有利于学生的语言学习和实践交流，学生主体性更加突出，教学更加具有灵活性，学生的学习兴趣也在各个环节中被激发并有效地保持。

三、ESA 教学模式的教学启示

（1）现代课堂教学师生角色转变。为更好地运用 ESA 教学模式，教师在课堂教学中要突出学生的主体地位，使学生成为学习活动的主体和课堂活动的中心，教师要扮演好自己的角色，为学生提供信息资源，如阅读材料、单词卡片、辅助图片等，并且组织引导学生的课堂活动，在活动前明确活动要求、内容以及建议步骤等，让学生有序进行活动，同时教师要适时提供帮助，如在学生遇到难以解决的问题或出现焦虑时给予指点，对学生的表现进行适当点评，刺激学生学习的外部动机。

在 ESA 的三个要素实施过程中，教师在投入阶段和运用阶段都可以将课堂的主动权交给学生，让学生自主去寻求问题的答案，而学习阶段相对而言更多地需要教师进行知识点的讲解以及补充说明，帮助学生完善知识体系，促进学习活动的进行。

（2）为学生创造良好的学习环境和氛围。学生的学习活动是在主观因素和客观因素双重作用下进行的，良好的学习环境是影响学生学习的一个重要客观因素。因此在 ESA 教学模式指导下，教师必须为学生创造良好的学习环境和学习氛围，教师要勇于改变，突破传统教学模式的束缚，有效规避教条式、填鸭式的死板教学，使英语阅读课堂气氛轻松活跃。

在课前进行展示活动，进行英语朗读、趣味演讲、单词接龙等活动；这些活动的进行可以在一定程度上缓解学生学习压力和降低阅读焦虑，激发阅读的兴趣和欲望，积极投入课堂，通过这些活动可以有效提高学生的课堂投入度和参与度。除此之外，教师要给学生鼓励和支持，尤其对于英语学习水平相对较低的学生，要运用语言的魅力。

用表扬夸奖的方式刺激学生学习，让学生有一种学习的安全感，在一个可靠、友好和支持的氛围中学习。通过这些方式，师生关系更加和谐，学习气氛更加融洽，无论是课堂教学还是学生学习都更加高效。

（3）教师应不断增强现代化教学思维和能力。ESA 教学模式的应用对于教师来说既是机遇也是挑战，是改善课堂教学、促进学生学习的有力武器，同时也是对教师自身能力和素质的巨大挑战。

1）要想充分发挥 ESA 教学模式的优势，形式多样的教学活动必不可少，这就要求教师头脑灵活，具有创新性和创造性，发散思维，能够设计出既满足教学需求又内容新颖、形式多样的教学活动来引起学生注意。

2）现代多媒体技术不断发展，为发挥 ESA 教学模式的优势，教师可以充分利用现代化教学工具和技术，摆脱传统"一书、一本、一黑板"的教学工具束缚，可以利用多媒体设施，例如幻灯片、投影仪等，丰富教师的教学手段，因此，教师要加强自身对软件的熟悉程度和使用能力以及编辑制作 PPT 等的技术。此外，教师的活动组织能力十分重要，ESA 教学模式下会进行多种多样的教学活动，教师应具有良好的课堂敏感度和教学智慧，预测在教学过程中可能会出现的突发情况及解决方式，并在实际教学中注意观察学生的反应，善于捕捉信息并进行恰当而适时的处理，使课堂活动在教师的组织下有效进行。

（4）教学内容的安排和教学活动的设计至关重要。ESA 教学模式强调学生的投入和运用，同时学习依旧是教学的核心。

教师在投入、学习和运用三个要素上应该合理安排，主要包括两个部分：①各部分所占教学内容的比例；②三要素在课堂时间上的分配。如果阅读材料本身相对较难，那么在"学习阶段"的内容设置上就要多多考虑，以教师讲解补充为主要活动，则对应占用的课堂时间比例就应扩大，对应的练习活动就应该简单一些，以巩固复习为主要目的；如果阅读材料内容简单，学生接受水平较高则可以相对弱化学习环节，在练习活动部分的时间就应该增加。

第一，在投入阶段，教师应设计适当的活动，引起学生学习兴趣，增强学生的参与意愿，可以通过视频观看、图片展示以及游戏活动等多种方式将学生带入课堂教学中，只有学生自己愿意学习，学习活动才能有效并且高效，但同时教师要根据材料内容、学生的认知特点及知识水平设计出难易程度适当的教学活动，过于简单的活动就会缺乏挑战性，无法使学生获得能力上的提升，难度过大学生便会感到力不从心，消极对待。

在投入阶段，阅读过后的大量练习活动是巩固所学知识的重要途径，而传统的阅读教学通常停留在对应的练习题上，学生对所学的知识没有进一步的消化吸收，仅仅停留在教师讲解的知识表层。所以，为了达到真正巩固复习的效果，教师应根据所讲内容设计读后活动，注意活动的多样性和有效性，在巩固知识输入的同时，让学生有效地输出，如角色扮演、采访、辩论、写作等，不仅仅局限于课本练习，学习是一个动态前进的过程，通过不断的练习使用才能够更好地消化吸收。

第二，在学习阶段，这部分的活动要在教师指导下进行，教师进行知识点的讲解，是本节课最为重要的语言输入阶段，教师不能仅仅局限于阅读材料本身，也应当适度拓展，不断增加对学生语言基础知识的输入。

（5）加强对学生阅读技巧和方法的训练。传统的阅读教学通常采取语法翻译法，停留在翻译文本、对照答案、习题讲解等活动上，整个阅读过程中学生缺乏独立思考，在教师主导下被动学习，缺乏自我归纳分析的能力训练。在 ESA 教学模式指导下的阅读活动强调在每一阶段都应注重培养学生的阅读策略意识，教师应该教会学生怎样阅读，阅读的方法和步骤是什么，而并不是一味地给学生记单词、讲语法、翻译句子。例如，教师要教会学生分析篇章结构，概括不同的体裁文章的解题思路和技巧，如记叙文、议论文、说明文的不同行文结构，掌握不同类别的文章的阅读技巧和方法，在阅读过程中教师要不断增强学生自主运用英语阅读策略的意识，训练学生做阅读的技巧和方法，帮助学生培养发散思维、独立思考能力以及自我归纳总结的能力，把学生培养成"会"做阅读的人。语言知识点的学习是学生学习英语的基础，但掌握阅读的策略才是做好阅读的秘诀。

第三节　高中英语阅读教学中的学案导学模式

一、学案导学式教学

学案导学是指以学案为载体，以导学为方法，教师的指导为主导，学生的自主学习为主体，师生共同合作完成教学任务的一种教学模式。这种模式的特点在于改变了传统教学，充分体现了教师的"主导"和学生的"主体"功能。这种教学方式既能很好地满足学生创造性思维的发展，又能满足学生自我意识的发展，对学生的自我发展和自我价值的体现有着十分积极的作用。

教育者必须对此进行研究并据此为学生设计一个包含一系列活动的"学习方案"，让学生通过这一系列的学习活动而发生所期望的变化。学案主要包括学习目标、学习重点和难点、学习探索的过程、学法的指导、学习的反馈等环节。

学案是学案导学式教学的核心，学案是相对教案提出的概念，从宏观层面上来说就是学习的方案，是教师为学生提供以学生为中心的任务型的学习方案，它把重点放在"学生是如何开展学习的"而不是"教师是如何开展教学的"上。对教师而言，学案就是辅助他们教学的蓝本，其目的是把教学的关注点聚焦在学生学习过程上。

　　学案导学式教学强调学生的自主思考,合作探究在他们学习新知识时具有重要作用,所以该教学方法主要注重培养学生的自主学习能力和合作探究学习能力。教师要在教学中,积极引导学生主动学习,帮助他们形成以能力发展为目的的学习方式,鼓励学生通过体验、实践、讨论、合作和探究等方式,发展听说读写的综合语言技能。

　　学案导学式教学是符合新课标的新型的教学模式和方法。促进学生能力的发展永远是教学的出发点和归宿。学案教学过程就是培养学生创新精神,训练学生创新能力,发展学生心智的一个全面系统的过程。所以,教师应该从创新的角度去整合教材,灵活地、主动地使用教材,拓展学生的思维空间,帮助学生进行自主探究和合作学习,关注学生的情感体验,这样设计出来的学案能够让学生投入充满探索的学习过程中去,让教学的过程成为学生主动参与、积极思考、认真实践、合作交流的过程。

二、学案导学模式设计的特点

　　学案是学生在整个自我学习过程中重要的蓝本,在设计学案中教师要时刻以学生为中心,学案的特点也是十分鲜明的,一份操作性强,体现学生中心的学案应该具有明确特点,包括:

　　(1)主体性。主体性强调教师在设计学案时,要注重引导学生直接参与并完成一系列的学习活动。要尊重学生,重点发挥其主观能动性,激发学生的主体意识;要信任学生,给予学生充分的学习时间和空间,让学生自主学习和发展,主动参与发现知识,成为学习过程中真正的主体,做学习的主人。

　　(2)探索性。探索性强调教师在精心设计好学案的同时,要立足于主导的地位,在课堂上激发学生的学习主动性,适时地引线搭桥帮助探索。

　　(3)灵活性。学案的设计要具有灵活性的特点,这充分说明了"教无定法"的道理。学案不是一成不变的,针对不同的学生的能力和要求,在学案中要能够有不同层次的体现;针对不同的教学材料和课型,教师要设计不同的学案方案。

　　(4)开放性。开放性强调学生要有充分主动的学习实践,能够在有实际意义的学习过程中了解英语学习的价值和意义,要特别强调学生发现问题、分析问题、解决问题的能力。

三、学案的编写

　　现在课程的改革正在进行,以学案为载体的多样化教学才能真正适应要求,接近生活和学生的学案才是学生兴趣学习、能力提高的源泉。

学案的编写是整个学案导学教学过程中的重点和难点。学案作为教学过程中的一个重要依托，它的设计要科学合理，也要呵护学生实际情况，应该遵循以教师为主导，学生为主体的思路来进行学案的设计。

学案的设计要有利于教师的教学指导，有利于学生在整个学习过程中进行自主的学习、主动的探索。在学案的编写过程中，要能够充分引导学生反思学习过程，找到属于自己的东西。

学案要以教材和教学大纲为蓝本，要能够创造和强化主体参与所需要的教学活动情景，设计的内容对学生要能有一定的挑战性，要保证学生跳一跳就能摘到"桃子"，引发学生进行积极的、有意义的学习。在学案的设计和编写过程中，既要通过逐课的研究，收集材料，集体讨论，形成共识的步骤突出集体的智慧和力量，又要通过撰写初案、交流共享、检查反思、修正改进等环节强调学案的特色。

学案的使用要结合具体的班级和教师的特色灵活地处理，教师要对学生如何使用学案进行指导，注重课前、课中、课后的连贯使用，突出学案编写的系统性和科学性，这样才有利于学案发挥最大的功效。学案导学模式的相关研究教学模式是指在一定的教育思想、教学理论和学习理论的指导下，在某种环境中展开的教学活动进程的稳定结构形式。

学案导学模式是以"学生为主体，教师为主导，训练为主线"为理论设计，以自读、教读、复读为教学的基本模式。在运用这种模式的过程中，学生的自主学习能力有了显著的提高，随着教育教学理论的更新和新课程改革的不断推进，近几年来，专家学者和许多一线教师对学案导学的教学模式的研究也越来越多。学案导学教学模式的理论体系是研究者们探讨的主要方向，而一线教师则主要就某个具体的学科探讨学案导学的教学模式。

学案导学的教学模式重点是在教师的指导下学生进行有效的自主学习，主动探究，把被动接受学习的过程变为主动发现知识的过程，并力争在此过程中帮助学生掌握科学研究方法，培养创新意识和创新能力。学案的设计要在力求掌握知识的同时注重能力的发展，不放松应试教育的同时要关注素质教学的发展，要强调学生的探索、合作能力的培养，一切以教学实用为原则，从教学实际出发。

四、学案导学模式下阅读教学的优化

（一）阅读教学学案的编写

阅读教学学案的编写，目的包括三个：①在阅读中要能够获取信息；②在阅读过程中要习得语言知识；③要通过训练提高学生的阅读技能和策略。

高中阅读的课堂，学生需要通过积极主动的阅读来完成阅读理解能力的提高，丰富词汇，了解文化背景等，从而提高英语交际能力和写作等综合能力。这样的一个过程是由外入内再到外的过程。所以学案的编写始终要围绕这三个目的来设计编写，时刻注意和阅读教学的学案相吻合。

在编写学案时认真对课程标准和教学大纲进行钻研，这样可以确定好教学的目标；认真地研究教学内容即阅读材料，确定好教学重点和难点，通过研究学生的知识水平和学习方法确定好学案的编写思路。

（二）阅读学案的教学过程

进行学案导学式阅读教学前应该把学案分发给学生，根据教学目标和阅读目标，可以用两种不同的方式分发学案：

（1）课前发放学案。课前发放主要是要求学生进行课前自学，在学中要积极主动地发现问题并解决问题，课堂上的重点是对学生在学校时期所遇到的困难、疑点和难点进行讨论和交流，这样有利于培养学生的独立学习能力和良好的学习习惯，这类学案要求学生在课前主动查阅教材工具书，参考资料，查阅互联网等方式进行预习和自学，教师在每节课前要对学生的学案进行认真的批阅，记录学生的问题，为备课提供材料，并在课堂上组织大家讨论，探究和合作并给予指导等方式解决学生遇到的问题。

（2）临上课时发放学案。目的在于培养学生对文章的内容进行预测，依据上下文猜测词义，通过略读、查读和跳读等方式快速掌握文章的结构和主旨大意。引导学生如何使用学案进行阅读策略的训练和培养。无论哪种发放学案的方法，一定要学生明白操作目的。

（三）在学案中注重阅读策略的培养

在英语教学中，阅读策略的培养是重要的一个环节。在学案的设计过程中，教师不能忽视这个环节的设计。在课堂教学中，教师应该有目的、有意识地组织阅读活动来训练这些阅读技巧，这样有助于学生养成良好的阅读习惯。

在设计学案时，根据体裁和题材的不同进行了文章分类，教师教会学生掌握不同体裁和题材的文章。

总之，针对英语阅读教学中存在的一些问题和新课程标准的要求，本研究将学案导学式教学模式应用在英语阅读教学中，与其有机地结合在一起。在学案导学的教学模式中，学生要自己搜集资料进行自主学习，这就增加了学生接触语言的机会，能够激发学生的学习主动性和积极性；在课堂上，学生需要和同伴就问题进行分析和讨论，这种交流也提供给学生使用语言的机会。

学案导学式教学更加符合新课程的理念，有助于新课程标准规定的课程目标，因为学案导学式教学模式有利于解决传统语言教学中存在的问题，强调了学生的参与、探究、归纳和合作等学习方式，这些都改变了学生单纯地跟着教师学，跟着教材学的学习模式，使学生能够主动地寻求解决问题的方法，从而优化学生的学习方法，而且学案导学式教学模式更有利于全面发展学生的综合素质，激发学生学习英语的热情。

学案导学式教学是以学生为中心的教学模式，它是以建构主义理论、人本主义理论、最近发展区理论等为依据，强调通过调节自己内部动力来控制自身独立自主的学习。而在具体的阅读教学中，学案导学式教学强调的是学生自己知道要读什么和怎么读，强调要明确自己的阅读目标和在阅读过程中能够自主调整阅读策略，结合自己的相关知识，运用适当的方法和策略构建新的知识。由此可见，学案导学是以教师深思熟虑后编写的学案，引导学生如何去阅读文章，它所强调的是学生阅读能力的提升。因此，学案导学的中心还是学生阅读能力的培养和发展，而反过来培养学生的阅读能力又是以学案导学的教学模式为依托的。

第四节 生态视阈下高中英语阅读课堂构建与教学

一、生态视阈下高中英语阅读课堂的理论基础

在综合教育学与生态学的融通整合下，一门新兴学科，即教育生态学也诞生并发展起来。虽然这一新兴学科以这两门学科为理论基础，但它并不是这两门学科的简单叠加与组合。它在借鉴教育学和生态学这两门学科理论的基础上，在内容与方法上与其他的学科相互交叉与联系，从而形成自己的独立体系，在研究对象和研究任务上有着其特有的特点，因而这一学科在一定意义上而言是对教育学和生态学的发展。它的形成不仅促进了其自身的发展，还促进了教育学和生态学的发展。

教育生态学以生态学原理为基础，研究教育现象及其成因，揭示其发展趋势和方向。通过教育生态学的指导，教育教学过程中的一些教育现象都能够进行解释，并对教育的整

个发展都能够有一定的分析，进而促进整个教育的发展。

课堂生态系统包括各种生态因素，其包括课堂环境、教师、学生、教学理念和目标。其中最重要的是教师和学生的生态因素，它们构成了课堂教学的主体。这些不同的生态因子相互影响，进而促进整个生态系统的动态平衡发展。教学主体因子之间所形成的平等和谐关系对建设良好的生态课堂具有重要作用。

在英语阅读教学过程中，阅读作为英语这一学科的主要语言技能对于英语语言知识和其他的技能都有重要的影响，因此学生的自主阅读学习能力的提高对于学生在英语这一学科的学习能力上都有一定的促进作用。但是，在传统的英语阅读课堂中，学生的自主阅读能力并未能够得到很好的训练。一般而言，英语阅读课堂中主要是教师对语言知识的讲解，学生的语篇能力没有得到很好的训练和提高。这一普遍的现象使课堂生态出现失衡，进而使教师和学生之间的关系也发生变化，不利于整个课堂生态系统的可持续发展。总而言之，在以往的高中英语阅读教学课堂中，更多体现出的是对教师教学的重视，片面关注教师在课堂中的地位，而忽视了学生在自我学习上的成长，忽视了学生在学习中的自主性以及在课堂中的主体地位，使课堂教学呈现出封闭性、零散性等特点；而教育生态学正好强调课堂的整体性和开放性，注重课堂生态系统中的各个生态因子之间的相互关系以寻求它们之间的平衡和可持续性发展，提倡师生在这一生态系统中的平等和民主关系。因此，教育生态学中所强调的整体开放性、系统生成性等特征，让教育者开始从生态学的角度去关注教育和人的生命价值和潜能。这一研究视角的转变能够实现生态环境中人们自由而又健康地发展。由此可见，教育生态学的发展能够为生态课堂的研究提供坚实的理论基础。

二、高中英语阅读生态课堂构建

（一）营造良好的英语阅读教学环境

教学环境是教学开展的前提，因此课堂环境这一要素在整个教学的过程中都具有重要意义。相较于传统课堂，生态课堂更加开放，其所追求的教学环境应该是平等和谐的。教师与学生在这一平等和谐的环境下能够进行平等对话和交流。课堂环境包括物理与心理环境两方面，二者都对整个阅读课堂教学这一生态系统的发展有着至关重要的作用。

1. 营造物理环境

在高中英语阅读教学过程中，物理环境的营造主要包括教室座位的编排、班级容量的处理、教室光线的设计以及教室环境的整洁与舒适等方面。构建高中英语阅读生态课堂在物理环境的营造内容如下：

（1）合理编排教室的座位布局。目前高中英语课堂中，绝大部分的座位编排都还是以往传统的行列式分布，在调查中学生都倾向于选择圆桌式或者马蹄式的座位分布，并认为这能够有利于阅读学习的开展。因此，构建高中英语阅读生态课堂可以改变以往座位布局，打破行列式座位布置给学生带来的束缚感，缩短教师与学生之间的距离，转变为圆桌式、马蹄式或者小组分布式的座位布局以增强师生之间的交流，创建更加平等和谐的环境。

（2）合理控制班级容量。在当前的中学课堂中，很多班级的人数都严重超标，而大容量的班级往往给教师造成巨大的教学压力，也给学生学习带来一定的影响，即教师难以关注每一位同学，导致未受到关注的同学逐渐失去学习兴趣，不利于整个英语学习的进步与发展。因此，生态课堂需要合理控制班级规模，以保证每一位学生都能得到教师的充分关注，也能够更加有效地开展班级活动。

（3）教室光线温暖设计。教室的灯光设计和总体布局应该既要能够使学生专心学习思考，又能够在压力大的时刻放松心情，光线太强或太暗都不利于学生进行阅读。因此教室的光线强度应该受到合理控制，尽量使教室的灯光布局形成暖色调且不忽视教室角落处，确保同一环境下的每一位学生都能够在舒适的灯光下进行阅读。

（4）保持整个教室环境的整洁和舒适度。考虑到教室的总体空间较大，对于教室中相关设备的摆放可以进行合理的规划设计。例如，通过在教室中摆放一些书架以改变教室单一的布局，还可以利用这些书架设置英语阅读角，使学生的业余学习活动更加丰富多彩。学生在课后的阅读学习中，通过进行自主思考以及和同伴之间进行相互讨论与交流，能够在潜移默化的过程中培养学生英语阅读的学习兴趣。

2. 营造心理环境

在高中英语阅读生态课堂的构建过程中，可以通过构建和谐的师生关系以及丰富班级文化内容来营造和谐的心理环境。

（1）构建和谐的师生关系。既依靠教师也依靠学生，双方协调推进以促进其发展。从教师角度出发，教师需要尽可能多地全方面地了解每一个同学。不同的学习个体之间在学习风格上有所差异，且由于学生学习基础的不同，使教师不得不全面对学生的学习情况进行摸底，以方便教学顺利进行。在这一基础上，教师需要针对学生的阅读学习给予评价和反馈，尽可能多地鼓励学生，这样能够让学生感受到教师对自己的关注，进而更好地努力完善自己，改进在阅读方面存在的问题。

从学生角度出发，学生需要尽可能多地与教师进行交流与互动，方便教师更加全面地关注和了解自己；此外，学生的自信心对于其学习有着重要的作用，学生对自己的阅读学习要有足够的自信，敢于将自己的观点进行表达，形成批判性阅读的习惯。

（2）心理环境的营造还需要丰富班级文化内容。班级中师生在教学实践和管理中产生的成效基本上能够在班级文化中体现出来。此外，文化对人的影响作用往往是潜移默化的，良好班级文化的形成有助于学生在阅读学习中的进步。教室环境的布置方面也是班级文化内容的体现。因此，对于教室环境的布置教师可以集思广益，让学生通过合作讨论以确定教室布局的风格。例如，班徽设计应该体现班级特色，教室可以设置专柜摆放一些英文杂志或者书籍供学生闲暇时间翻阅，英语课代表可以每日在黑板上摘抄一句英语阅读名著中的经典语句帮助学生积累语言文化知识，形成良好的英语学习态度和习惯，等等。

（二）树立开放生态的教学理念

在高中英语新课程改革的不断推进下，英语教师需要不断更新教学理念以适应当前的教学改革的发展，提升教学质量。生态课堂注重多元共存，和谐共生，而传统的英语教师的教学理念忽视了学生的个性发展。因此，在高中英语阅读生态课堂的构建过程中，教学理念的转变主要包括以下两个方面，即归还学生主体地位和转换教师角色。

1. 学生主体地位的明确

在生态课堂中，学生个体发展至关重要，教师在教学过程中要考虑多方面因素，尽可能促进学生综合能力的发展。因此，在高中英语阅读生态课堂的构建过程中，开放的教学理念树立最基础的是要归还学生主体地位。

学生主体地位的归还要求教师合理控制课堂时间分配，给学生多留时间，让学生在阅读课堂中能够有效进行自主思考和探究。当学生在课堂上所能够自我支配的时间增多时，他们自主思考的可能性则不断增强，思维能力也能够得到不断的发展。学生在整个课堂上也不用浪费大部分的时间用以记笔记，而是可以在教师讲述的过程中发挥主观能动性进行自主思考，从多方面对阅读材料进行分析，在与同学、教师之间的交流过程中，不同的思维模式下的结果发生碰撞能够获取不一样的结论，使学生能够接触到新的思维方法，转换思维方式，进而促进思维能力的发展。总之，通过归还学生的主体地位，能够有效改变课堂范式，提高课堂的互动性，让学生能够最广泛地参与课堂。

2. 教师角色的转换

阅读能力作为英语学习的主要技能之一，对学生的综合发展有着重要意义。阅读教学的效果和教师的教学理念直接相关，而教师在课堂中占据主导地位，大部分教师将阅读课教学的理念偏向于追求学生在阅读中获取高分以拉高整个英语分值，进而提高升学率。这一现象导致阅读教学难以达到预期目标；而作为课堂的主要生态因素，师生之间的协调发展可以有效促进课堂生态的动态平衡。因此，为了建立开放的英语阅读教学理念需要改变教师的角色，在学生的阅读和学习过程中，教师应指导、帮助和鼓励他们来促进阅读技能的发展。教师角色的转变反映了课堂的生态色彩。

教师的新角色显然增进了教师与学生之间的距离，可以有效促进师生关系的和谐建设。教师在阅读教学的过程中，不再像以往单纯传授语法和词汇知识，将阅读材料进行长难句分解，而是通过对阅读材料进行背景知识导入，向学生输入语篇知识，培养学生阅读学习习惯，促使学生阅读模式由自下而上向自上而下进行转变，进而使学生掌握交互式模式进行阅读学习，有利于学生有效提升阅读能力。问卷调查结果中的数据显示，很多学生都认为教师的鼓励和帮助能够积极有效促进学生的阅读学习。教师转换角色之后，在课堂中鼓励学生，给学生以指导，能够有效帮助学生缓解课堂心理压力，帮助学生在阅读学习上树立自信心；也能够有效构建生态型师生关系，使师生在教与学的过程中共同发展与进步。

（三）确立英语阅读教学的整体发展

教师面对升学压力，对英语阅读教学目标的理解过于绝对化，并将阅读教学目标过分基于对学生英语阅读的成绩。因而在教学的过程中，教师孤立地开展阅读训练以提高学生阅读学习成绩，而忽视在阅读教学过程中兼顾其他语言技能方面的训练与发展，促进学生的综合可持续发展。因此，在英语阅读教学过程中，不能够孤立进行训练以达到短期的教学目标，而是要注重将阅读教学与其他方面的教学联系起来，使学生在学习过程中能够全面协调可持续发展，培养综合性的人才。

1. 注重专项与综合训练的结合

由于阅读教学的整体性，教师要不断意识到阅读教学不仅是培养学生的阅读能力，对其他各方面技能的发展也需要进行关注。建立英语阅读教学的总体目标要求教师注重英语教学的完整性。因此，专项训练与综合训练的结合不只是要注重语言各方面技能的综合训练，同时还应该注重对语篇知识和文化的综合训练。

在高中英语教学中，每一单元的阅读课的安排是两个课时，第一个课时一般而言是对文章段落的梳理以及阅读练习的讲解，第二个课时主要是对文章中的重要词汇以及长难句的分析和讲解。教师要提高阅读教学中的文化背景知识导入的重要性，使学生在充分了解语篇背景的情况下从而把握和理解文章。英语语篇能力的培养也是英语阅读教学的一大重要板块，只有掌握好语篇知识，对整个阅读材料才会有更进一步的理解。因此，在英语阅读教学中要注重整体性，注重将专项训练与综合训练相结合，从而促进学生阅读能力的发展。

2. 注重培养的可持续发展

构建英语阅读生态课堂要遵循可持续性原则，因而在英语阅读教学目标的制定过程中也要遵循这一原则。英语阅读教学内容丰富多样，阅读材料也数不胜数且日益更新，因此阅读语篇具有无尽性。只注重对学生阅读能力在短期内的提高并不利于学生今后阅读能力的长久发展，因此教师应该注重对教学可持续发展目标的培养，而这需要教师形成新型的生态教学观以促进学生在阅读学习上的可持续性发展。

鉴于阅读材料的无尽性和广泛性，教师无法通过单独教授学生阅读文本中的语言知识以培养学生的阅读学习能力，因此需要以长远发展的目光看问题，注重对英语阅读策略、阅读技巧和方法的培养和训练，引导学生利用相关的阅读策略进行自主学习。学生在掌握这些阅读技巧和策略之后，便能够在面对任何阅读文本时随机应变，灵活运用阅读策略以获取文章的大意，使阅读目标如期实现。英语阅读可持续发展目标的培养需要教师调动学生的自主阅读学习积极性，减少对教师的依赖，引导学生通过自主运用阅读策略和方法提高其阅读能力。

（四）设计丰富的英语阅读教学活动

基于生态课堂构建原则中的丰富多样性原则，在英语阅读教学中可以通过设计丰富多样的英语阅读教学活动让学生积极参与到课堂之中，丰富阅读课堂组织形式。具体而言，可以从个体活动设计、同伴活动设计以及小组活动设计三个方面进行阅读教学组织形式的丰富和发展。

1. 设计个体活动

个体活动即个人独立参与活动的开展。这一活动的设计能够使班上的每一位个体都参与到课堂，有利于自主学习能力的培养。个体活动的设计主要包括自主阅读问题的回答与处理，等等。学生的主体地位及其个性发展是生态课堂中的关键。因此，为了使学生积极参与到课堂，教师需要通过设计丰富多样的教学活动，使学生在活动参与过程中不断展现自我。

活动的设计目的在于使每一位学生都能够积极参与到课堂中，通过自我展示的方式表达自己的观点，从而帮助学生建立自信，增强语言表达和组织能力。

个体活动组织形式是指学生在自主阅读之后，针对阅读题目自主进行回答问题、补充空缺，等等。这一活动是最基础也最常见的个体活动。它能够有效保证课堂环境的安静，使学生在这一安静舒适的环境中进行阅读，培养学生的自主思维能力。

2. 设计同伴活动

这一活动作为阅读教学中的常见活动，主要是促进学生之间的相互理解与合作，通过设计同伴活动让学生参与到课堂也能够提高学生的合作学习能力。在课堂上开展同伴活动能够体现出生态课堂中以生为本的主要特征，并且同伴活动的开展对于学习语言能力的发展具有重要的推进作用。常见的同伴活动有双人讨论、同伴阅读，等等。

双人讨论的活动设计主要是在阅读后，教师让学生同桌之间相互检查他们对文章的理解程度。这一检测可以通过探讨两人阅读问题答案的异同来完成。经过两人讨论，教师的进一步阅读教学可以有效地加深学生对阅读材料的理解；而学生在讨论的过程中，通过提出自己的意见与观点，能够使学生感受到不同的思维模式下对于同一问题的看法，能够促进学生在思维能力以及自主思考能力上的发展。同伴阅读这一活动的设计主要是指参与阅读的两个人通过阅读不同的材料，然后就对方的阅读文本进行提问，问题的范围可以包括主旨大意也可以是细节信息的提问或是信息推断。学生在提问的过程中能够灵活地使用阅读策略和方法，促进学习能力的发展。学生通过设计问题和回答问题能够了解两篇阅读材料的重要内容。而且这一活动也能够使学生的听说能力得到相应的发展。因此，这也是一种有效的同伴活动。

3. 设计小组活动

小组活动又被称为群体活动，这一活动设计的理论基础来源于合作学习理论，是合作学习的体现。因此，小组活动的开展不仅能够使学生进一步了解彼此，有效促进学生的合作学习能力的发展；它还能够提高学生的课堂参与积极性，活跃课堂气氛。以往阅读课堂中教师需要花费大部分时间进行阅读讲解，其中一部分原因是因为学生在课前没有很好对阅读文本进行预习，因此学生在课堂上学习压力较大。

生态课堂的构建注重和谐师生关系的培养以及学生课堂主体地位的提升，因此教师在阅读教学之前布置阅读前的学习任务，合理分配学习小组，让学生在阅读前通过小组合作对阅读文本进行预习，这样可以减轻教师和学生在课堂中的压力，也可以帮助学生更好地理解文章。

在阅读课堂上，也即是阅读中，小组活动的开展可以是学生针对阅读文本细节的讨论，也可以是针对文本题材的讨论，这样可以使学生在课堂中不断发散思维。由于学生个体的差异，不同学生之间对同一问题存在着不同的看法与见解，而不同学生之间的思维方式的碰撞，使学生能够在讨论过程中培养创造性思维能力和批判性阅读能力。在一整节课阅读教学之后，教师还可以通过布置课外小组活动，帮助学生巩固记忆所学知识，另外学生在课外完成作业的过程中对所学策略的使用也能够促进学生阅读学习能力的发展。

三、高中英语阅读生态课堂的教学过程

（一）生态课堂的教学准备阶段

在完整的教学过程中，其中最为基础的环节便是教学准备阶段。它对于课堂教学的效果具有保障作用。在生态课堂的构建中，教学准备阶段首先要美化课堂环境，让师生在舒适自然的环境中开展教学。然后通过优化备课内容以明确教学目标和重难点，使课堂教学效果更加完善。

1. 课堂环境的美化

课堂环境这一生态因子与其他的生态因子之间相互作用，共同发展。正是这些不同的生态因子之间相互制约才促成其能量相互流通，进而维持和促进课堂内部生态系统的动态平衡。因此，在教学准备阶段，最首要的还是要美化课堂环境，让师生在整洁舒适的环境下共同成长。

课堂环境的美化需要依靠课堂中的教与学的主体因子的共同努力，即教师与学生双方的协同推进。当前课堂上多媒体技术的使用变得越来越频繁，但是现阶段高中每一间教室仍配置着原始的黑板。黑板上的板书往往是教学重点的突出显示，有利于学生加强记忆，因而粉笔在课堂上是不可避免会出现的。但是，不合理的粉笔摆放以及粉笔灰的不合理处理会在一定程度上影响课堂物理环境的干净自然。因此，讲台上的粉笔需要合理摆放，教师在使用之后需要将粉笔放回原处，避免造成资源浪费和影响美观；且黑板下的粉笔灰也应由值日生及时清理以保证干净和舒适。

教室里面所必备的卫生清洁工具也应该由值日生放置在合适的角落，不影响学生的正常活动。学生的桌面整洁也影响整体环境效果。高中生所学课程教材繁多，加之课外辅导书籍和练习册会使学生的课桌看上去很拥挤。尽管有些学校会在教室后面为每一位学生安排储物柜，但是空间的不合理安排与使用也影响整个环境的美观与和谐。因此，学生需要

合理摆放自己的教材和学习文具等，以保证课堂物理环境的外观自然舒适。另外，学生的学习环境更多是在教室，因此教室中的光线和温度也应该能够使舒适自然的物理环境更加体现生态性色彩，在教室的窗台或者前后可以摆放一些绿植。绿植的摆放不仅能够使环境更加美观，具备生态气息，还能够净化空气，舒缓心情，有利于学生进行阅读学习。

2. 教学内容的优化

教学内容包括对本节课知识内容的介绍、知识结构和编排意图的理解以及明确这一节课在整个单元中的地位。在传统的教学过程中，教材的内容往往是绝对的权威，因此将教学内容固定于教材也成为教师的教学习惯。但是，新课标的不断完善以及核心素养的不断发展，要求教师要不断扩宽教学内容，并尽可能多地将教学内容生活化。

在对教学的钻研过程中，通过将不同学生的学习情况与差异融入备课过程中，使教材内容在结合学生的情况下进行部分删减或增补。由于新课程标准也强调对学生的英语学科核心素养的培养，而文化意识作为核心素养中的一项重要内容，在英语教学中也发挥着重要的作用。因此，教师在钻研教材的过程中，要注重对学生文化意识的培养，补充学生文化背景知识，丰富学生的文化知识。

教师在教学准备阶段，需要根据教学内容制作课件，而课件中所需要重点呈现的内容应该是一节课中的重难点部分，而阅读教学目标与阅读教学重难点的确定需要通过教师对教材进行研读，在研读教材的过程中再有效开发资源。因此，教师在教学准备阶段，需要考虑班级学生的现有发展水平和基础情况，进行教学难点的预设。因此，教师通过以学生身边的真实例子或者网上的新闻进行引入，再深入文章分析之中，在潜移默化的过程中让学生意识到健康的重要性。

（二）生态课堂的教学实施阶段

在高中英语阅读生态课堂的构建过程中，具体到实施阶段需要教师做到灵活运用导入方法、丰富学习任务、拓宽教学方式以及鼓励学生自主探究以培养学生的英语阅读学习能力。

1. 导入方法的灵活运用

课堂导入的成功一般而言能够促使整个课堂教学达到预期的效果；反之，课堂导入失败则会使课堂教学效果受到影响。因此，教师需要对课堂导入环节引起足够的重视，尽可能设计灵活的导入方式，以激发学生的阅读兴趣、营造浓厚的学习氛围。尽管课堂导入的时间只有短暂的三到五分钟，然而只要科学设计导入活动将能够活跃课堂、拉近师生距离、提升教学效果。在高中英语阅读生态课堂中，可以通过图示、动作、话题、情境、设疑、故事、视频等多种方式进行导入。

（1）话题导入法。话题是指针对本单元的学习主题所进行的问题思考与讨论。通过巧妙设计话题，能够使学生深入思考，在讨论与交流的过程中，提高参与积极性。切合主题的话题导入不仅能够帮助学生直接了解到这一节课要学的内容，还可以使学生在这一过程中培养学生的思维能力。

（2）视频导入法。视频导入是指教师在备课时通过选择与本课内容相关的视频资料，在正式上课前向学生播放视频以引发学生共鸣。通过选择这种方法导入并有效整合多媒体技术，可以有效地激发学生的好奇心和求知欲；这也是对陈旧教学方法的创新，有利于提高学生的学习积极性。综上所述，课堂导入在一定程度上对课堂教学效果起着决定性作用。因此，教师在教学的过程中要重视导入环节的教学。通过巧妙运用导入，增强学习氛围，创设舒适的课堂心理环境，进而构建和谐型师生关系。

2. 多样教学方式的运用

在英语阅读生态课堂的构建过程中，要求教师不断开拓创新，对于教学方法的使用不能够单一和绝对。由于不同的学生之间存在个体的差异性及教学材料的不同，因此在阅读课堂这一微观生态系统中，教师需要综合主客观多方面因素对教学方法进行选择。

对不同题材的阅读内容和不同的班级采用不同的教学方法，了解不同方法的优缺点，再根据具体的阅读目标和学生的需求采用最合适的教学方式。但无论是哪一种教学方法的使用，最为基础的是需要改变课堂范式，任何一种教学思想都必须遵守以生为本的原则，使学生参与课堂，使课堂学习的氛围越来越浓厚。通过增强师生互动，从而创造和谐共生的局面。

高中英语阅读教学方式丰富多样，常见教学方式包括：

（1）分层教学。分层教学是指教师结合学生的实际情况，对其实施有意义的分组式学习，并在教学目标上也有不同的层次要求，以使学生在现有基础上得到更深层次的提高。

（2）探究式教学。探究式教学是指学生在教师的引导下，进行自主或合作探究学习。在英语阅读生态课堂中，培养和发展学生的自主合作和探究能力是一个重要的优势。通过在阅读课上进行合作学习，不仅可以调动学生对英语学习的热情，还可以反映学生在课堂上的主体地位。此外，从心理因素而言，这一学习模式还有利于帮助学生减轻课堂焦虑。大部分学生在英语阅读学习过程中会感到很有压力，阅读也往往成为英语学习过程中的难点。在阅读课堂教学中，开展合作学习，小组成员之间的相互探讨有利于不同思想的碰撞与融合，进而促进学生思维能力的发展。合作探究的实施需要教师创设丰富的问题情境，根据学生的个体差异以及班级成员的整体情况合理安排合作学习小组。这一合作学习不仅能够在课堂中开展，也适应于课外学习活动的设计。

（3）情景化教学。情景化教学是指教师在教学过程中有目的性地引入或创设一些生动的具体场景，让学生在真实的情境中理解文章。该教学方法能够帮助学生激发内心情感并培养其思维。

总之，教师通过不同的教学方式，指导和帮助学生阅读学习，提升阅读学习的效率和质量，从而使英语阅读的教学目标做到可持续性地发展。

3. 多样学习任务的布置

学生的学习场所并不固定，既可以是在课堂，也可以在课后任何地方。由于课堂教学时间有限且班级学生的差异特征，学生在课堂上吸收的知识极为有限，而在课堂之外学生可以通过多渠道查找阅读资料进行课外自主学习，学生的课外学习可以是自我复习和巩固，也包括教师布置的额外学习任务。学生的自主学习是其管理自己学习的能力。它是指学生个体结合自身的学习情况针对性地为自己的学习做规划。

随着新课程改革的推进，英语阅读学习的任务出发点转变为培养学生的学习兴趣以及合作精神，以全面促进学生听、说、读、写、看多种技能的发展，进而全面促进学生智力与非智力因素的协调发展。英语阅读的作业设计目标也不断由知识本位向能力本位转变，作业类型从单一化向多元化转变。通过设计这一课外作业，能够帮助学生巩固所学的语言知识点；促进学生听说能力以及想象思维能力的培养。通过复述和写作的学习任务帮助学生在阅读中发展听说与写作技能，促进了学生在语言学习过程中的语言综合运用能力的全面发展。

第一节　高中英语词汇教学中翻转课堂的教学模式

翻转课堂，也叫颠倒课堂，它是指前后重新调整课内外的时间，将学习的主动权由教师转移给学生，翻转了传统教学中上课学习、下课复习的教学模式，转变成学生课下学习、课上讨论解决问题的学习模式。在翻转课堂教学模式下，教师根据教学目标和教学内容制作相关学习资源并提前发给学生，让学生个人或是分小组去积极地构建知识，学生可利用互联网环境下的现代信息技术进行自主的课前学习。学生可以学习视频课件，归纳知识重点，也可以通过网络强大的交互信息功效与同学或教师针对问题进行课前交流，并记录和整理出学习过程中的困惑，最后带到课堂上反馈给教师。

在课堂上，主要由学生讲解，各位同学可以带着问题去主动思考，对于学习中遇到的知识难点和疑点，学生之间可以通过讨论来解决，教师需要对学生的讲解进行总结，及时纠正学生的错误，课堂上要有针对性的师生问答，这样可以提高学生的学习效率，促进翻转课堂教学模式的发展。翻转课堂带来的改变是整体教学维度的改变，包括教师的职责和角色、学生建构知识的方式、教学信息化平台的利用、学习资源的筛选、协作互动方式的探索。

一、高中英语词汇教学中翻转课堂的特点

（一）需要信息技术支撑

信息技术的飞速发展改变着人们的生活方式、工作方式和学习方式。传统的"机械灌输+标准化考试"的"工业流水线"人才培养模式终将被新的、有活力、有创造力的模式所取代。因此，应大力推进信息技术在教学过程中的普遍应用，促进信息技术与学科课程

的整合，逐步实现教学内容的呈现方式、学生的学习方式、教师的教学方式和师生互动方式的变革，充分发挥信息技术的优势，为学生的学习和发展提供丰富多彩的教育环境和有力的学习工具。

翻转课堂需要信息技术的支持，需要通过电脑、手机等电子设备播放微视频，借助网络发送学习文字、视频资料或语音资料。近年来，我国教育信息化实施建设得到长足的发展，数字化教育资源建设初具规模。上海响应国家大力推广现代化教学的号召，每所学校不仅配备了多媒体教室，各个教室也安装了电子白板等电子设施，这为实现翻转教学带来了极大的方便。教师自身的信息技术运用能力也在着力加强培养，这也是开展翻转课堂的关键，若信息技术娴熟，会更加有助于翻转课堂教学的顺利开展。同时，随着互联网的发展，计算机和手机的广泛普及，在学校和家庭都可以开展翻转课堂教学，这使得学生的学习变得极为方便。

（二）颠覆时间和空间

翻转课堂不同于传统课堂的先教后学，采用先学后教的理念，突破了传统课堂只简单重视教师的"教"，改变了教师一言堂的局面，通过与信息技术的整合，转向重视学生的"学"，并以学生为中心，强调学生的自主和个性化学习。翻转课堂通过教学视频等载体代替传统课堂的教师讲授，打破传统课堂的时间限制，课堂时间被重新分配，教师用更多的时间促进学生主动和探究学习，而不是一味独自说教，课堂的学习时间被高效利用，有了最大化的产出。学生不再担心因为病假或事假导致的缺课，可以随时跟上教学进度。学习消化接受能力较慢的同学，可以反复自学，不遗漏知识点，可以看得完整仔细，更不用担心他人的嘲笑。

翻转课堂颠覆了传统的授课地点——教室，翻转课堂可以让学生选择合适的空间，在餐桌上甚至是躺在病床上，打破课堂教学的空间限制，提升学习体验和学习价值。

翻转课堂可以优化教学内容的呈现方式，优化学习课程的地点，将学习地域拓宽，学生可以自由选择学习地点，在家中、在学校自习室、图书馆或其他任何可看书或学习的地方。学生可以观看一遍微视频，也可以随时暂停或重复播放并多次观看。翻转课堂让学生在家学习遇到困难时不再感到无助，让学生的学习不存在任何时间和空间的阻碍，能以最佳方式帮助学生实现学习目标。

（三）满足学生个性化需求

个性化学习理论指出，学习过程应是针对学生个性特点和发展潜能而采取恰当的方法、手段、内容、起点、进程、评价方式等，促使学生各方面获得充分、自由、和谐发展的过程。个性化学习具有学习资源的多重属性、学习价值追求的多重性、学习风格的独特性、学习过程的终身性以及学习方式的自主性、合作性和探究性特征。

翻转课堂为学生提供丰富的学习资源，能够帮助学生在学习起点、学习进度、学习方法方面实现个性化的学习。例如微视频这一工具，不仅很好体现了学习资源的多样性，而且给予了学生极大的选择权利，学生可以根据喜好和意愿选择知识学习的先后顺序，也能选择聆听不同教师的教学，感受不同教师的教学风格。

翻转课堂能让教师把教学与学生的需求和特征联系起来，将学与教形成一个有机的整体活动。善钻研、有责任心的教育工作者一定会经常思考如何在群体教学中做到因材施教这一问题。教师在了解了教育对象特点之后，为每个学生提供理想的教学、均等的学习机会，对学生存在的个性问题进行个性化的辅导，从而满足学生的个性化学习需求，从而提高教育教学质量。

（四）体现师生互动交流

翻转课堂强调师生的互动，它并不是替代教师的教学，而是引导学生去发现问题、解决问题。教师依据每个学生特点，可以采取一对一的单独辅导，也可以采取学生小组合作交流、案例分析的方式，与学生进行互动交流、组织小组讨论和协同完成学习任务。教师需要了解每位学生在自学环节存在的个性或共性的问题和困难，教师也需要在学生的小组自由讨论环节，在教室各个小组间巡视，并在其间及时启发性解答学生个人或小组的共同疑惑。这样，不仅有针对性地解答了学生的疑惑，而且增加了师生的互动和交流，也让教师进一步了解了学生对知识的掌握情况。

新课程改革下高中英语教学更加强调师生信息和情感的交流，更加重视学生与教师之间的及时沟通与积极互动。学生是学习的主体，教师是学生发展的促进者。每一位学生都是独立的具有个体差异的人，都有学习的极大潜力。翻转课堂这一教学模式通过师生间的情感互动交流，积极引领了教学方式的创新。

二、翻转课堂教学的必要性

翻转课堂的教学模式将传统课堂的知识传授与知识内化顺序前后颠倒，将传统课堂的教学流程与教学结构也前后翻转。翻转课堂采用先学后教的模式，教学分为两个环节：课前，学生通过观看教学视频学习新知识；课内，学生通过参加教师组织的课堂活动实现知识内化。

课前的学习对于学生很重要，学生可以按照自己的步调学习以完成自主的知识传授。课上的知识内化更为重要，需要教师和学生的良好互动，需要学生积极参与。课堂上的时间被真正用来解决问题，概念深化和实现参与合作性学习。教师可以借助辅导检查、答疑解惑、小组讨论、全班交流、个人展示等教学活动形式帮助学生完成知识的吸收和内化。

当前，信息技术高速发展、知识经济迅猛发展，学生的学习方式和学习习惯也随之发生了很大的变化。他们注意力保持的时间较短，倾向于碎片化的知识摄入，喜欢简洁、清晰、准确、精练的信息。传统的板书、乏味的教科书、枯燥的满堂灌已经无法吸引学生的注意力。为了更好地因材施教，在英语教学中，教师可尝试家校翻转的教学模式，教学内容的传输由课堂教师讲授转变为课下学生自学，学生预先学习导学案或者观看教师提供的教学视频，学生可以根据自我实际情况，暂停、快进、重播，自行决定播放进度，为个性化学习提供了可能，也为学生提供了相对独立的学习空间。课堂不再是教师讲授知识的主要场所，学生在课堂上可以提出自己的问题，大家相互探讨，为学生的合作学习和团结协作提供了可能。教师所要讲授的内容已在微视频或学习资料中呈现，课堂上教师可以与学生充分交流，能参与到学习小组，为学生的学习提供个别指导，及时答疑解惑。这样的学习模式，也可以让学生及时练习，及时纠错，及时巩固，及时做好反思和总结。

三、翻转课堂理念下高中英语词汇的教学设计

由于当前高中英语词汇教学的现状和诸多问题，将翻转课堂这一革新的教学模式应用在高中英语词汇教学中。在教学设计过程中，以上海一个高中为例，在前期分析环节，对学习者、教学内容、教学环境逐一分析，选定适合的教学载体开展翻转课堂，借助导学案或者智能终端的微信平台，让学生学习枯燥冰冷英语词汇的热情高涨，词汇教学效果大大改善。教学设计秉承翻转课堂的指导理念，遵循自主化原则、个性化原则、协作化原则和情境化原则。在课前、课上和课后三大教学环节中，教师和学生都有相应的教学和学习任务，可以根据教学目标实现的需要和学生的实际情况灵活调整。教师要对教学活动及其结果进行测量、分析和评定，通过多元化的评价主体和多种评价形式开展教学评价活动。

（一）高中英语词汇教学设计的前期分析

1. 对学习者进行分析

上海区级重点高中，地处浦东新区边缘，生源质量相对较弱，学生多来自远郊的初

中，英语基础相对薄弱，因初中水平差异较大，班级学生的英语水平参差不齐，学习方法和学习态度差异显著，学生基本功不扎实，学习习惯不好，学习约束力和自控力较弱。高中语言知识量迅猛加大，内容加深，难度加深，尤其是词汇数量加大，这些使得很大一部分学生极度受挫，主动学习能力降低，产生了怕学和厌学情绪。

2. 对教学内容进行分析

词汇又称语汇，是一种语言中所有词和词组的总和。词是语言的建构材料，也是最小的能够独立运用的语言单位。词汇中的任何词语都是通过一定的句法关系和语义关系与其他词语建立起一定联系的，并在语境中传递信息。学习词汇不只是记忆词的音、形、义，更重要的是在语篇中，通过听、说、读、看、写等语言活动，理解和表达与各种主题相关的信息或观点。高中阶段的词汇教学要引导学生更深入地理解和更广泛地运用已学词汇外，重点是在语境中培养学生的词块意识，并通过广泛阅读，进一步扩大词汇量，提高运用词汇准确理解和确切表达意义的能力。

《普通高中英语课程标准》（2017 版）分别对必修课、选择性必修以及选修的三类课程中高中生词汇知识内容做出相应要求。

传统课堂的词汇教学普遍会让学生和教师备感枯燥乏味。对于 26 个英文字母像数学排列组合在一起的单词或词组，对于平时根本不会接触的这些词汇，对于这些毫无生机、面目死板的词汇，再加上教师单一的教学方式、冰冷的发音，如果不是为了应付各种英语考试，如果不是学习中的"各种 have to"，在各门功课繁重任务的学业压力下，基本上学生不会有丝毫学习英语词汇的兴趣，因为在部分学生眼中，英语对于他们而言，是很遥远的，平时生活中除了考试，他们根本使用不到，在他们看来学习英语付出的回报率很低。但是，英语是高中的必修科目，英语是三大主科之一，英语是现代对外交流的重要语言工具，所以，要学好英语，必须学好作为英语建构材料的词汇，这样掌握和理解了词汇在文章中的具体含义，才能理解词汇在语境中的深层内涵，以及词汇的文化内涵，即词汇本身所体现的东西方文化差异，学生还要注重掌握记忆词汇的策略，要能更加契合情境，选择恰当准确的词汇与他人交流。

现代认知心理学家普遍把知识分为两大基本类型，即陈述性知识和程序性知识。陈述性知识是用于回答"世界是什么"的知识，是"个人具有意识的提取线索，因而是能直接陈述的知识"。从个体知识获得的心理品质来看，则属于通过感觉、知觉、记忆等心理品质获得的知识。程序性知识则是用于回答"怎么办"的问题的知识，是"个人无有意识的提取线索，因而只能借助某种活动形式间接推测出来的知识"。从个体获得知识的心理品质来看，则属于思维活动获得的知识。词汇知识同样也主要包括事实性知识和程序性知识两类，一个是有关"什么"的知识，一个是有关"怎么做"的知识。

在学习内容的选择上，除了教材本身要求掌握的词汇，还会给学生适当补充和增加课外的词汇。在选择学习内容的时候，会刻意注重选择"怎么做"类型的知识，让学生逐渐学会获取词汇、加工词汇、交流词汇、内化词汇，这一过程也是学习词汇的过程。除使用课本提到的词汇之外，还会根据学习材料中的听力、阅读等出现的重要或积极词汇，或者当前热门或时令话题、学生感兴趣的讨论话题、学生心得体会或成功失败的经验总结等隐性知识的鼓舞励志话题。这样不仅能帮助学生逐渐增大词汇量，帮助学生在进行书面表达或与他人进行书面交流或口语交流时不再感到词汇贫乏，也让学生积极乐观正面对待人生。

3. 对教学环境进行分析

（1）学校硬件。该学校地处远郊，多媒体教学设备配备完善，每间教室都安装有电脑、投影仪、音响和电子白板等多媒体教学设施，方便连接互联网，可以在教室播放微视频、播放 PPT、实施投影等。但学校目前不能提供在线学习平台，不能提供人人可及、随时可及的互联网终端，不能提供住宿生使用电脑和无线网，不允许学生教学区使用手机。

（2）学生终端。翻转课堂需要信息技术的支持，需要通过电脑、手机等电子设备播放微视频，借助网络发送学习文字、视频资料或语音资料。由于家校距离较远，部分学生不得不选择寄宿在校。部分寄宿学生在学校不能使用手机，不能使用电脑或 iPad，不能使用 Wi-Fi，无法连接到互联网，不可能登录微信。另外，还有部分学生的家长不允许学生在高中阶段使用手机，这个非常值得尊重；还有部分家长由于家庭原因，暂时没有购买智能手机，家里没有安装宽带，不能使用互联网。

（二）翻转课堂理念下的词汇教学载体

1. 教师研发制作的导学案

教师可以为学生设计纸质导学案。有关导学案的定义相对较多，有学者认为导学案是教师依据教材的特点和教学的需求站在学生的角度上设计的为了引导学生自主学习的方案。它的设计往往建立在教师对学生实际学习情况的充分了解和对课程标准、教材内容的分析基础上。也有学者认为，导学案是通过教师的"导"来引导学生先行尝试，教师再根据学生尝试的结果有针对性地组织教学的"导学"方案，重在"导什么"和"如何导"。导学案强调学生在课前的自主学习以及课堂上的自主探究。教师将从学生在课前的自主学习与尝试中获得反馈，然后进行二次备课。学生自主学习与尝试已经掌握的知识，教师在课堂上可以不讲或少讲，要重点讲解和点拨的是学生在反馈中所暴露出的问题、疑难或困惑。通过这种"先学后教""以学定教""当堂训练"的模式，来达到提高课堂教学的针对性和有效性，培养学生自主学习、合作探究能力的目的。

导学案是经教师集体研究、个人备课、再集体研讨制定的，以新课程标准为指导、以素质教育要求为目标编写的，用于引导学生自主学习、主动参与、合作探究、优化发展的学习方案。它以学生为本，以三维目标的达成为出发点和落脚点，配合教师科学的评价，是学生学会学习、学会创新、学会合作、自主发展的路线图。导学案实施的高级目标是培养学生的学习能力，为学生的终身学习奠定基础，导学案实施的基础目标是促进学生高效地掌握知识，为后续学习奠定文化基础。在导学案的实施中要两级目标并重。

通过对导学案的相关文献的分析，以及结合自身教学实践的思考，认为应用于翻转课堂理念下的导学案，应当以学案为载体，以导学为方法，结合教案和学案的优点，实现教师引导学生自主完成学习任务。这里要格外强调，给学生下发的导学案，并不是简单的知识点的纸质灌输，不是把黑板的板书变相转移到印制的纸质学习资料上。

导学案的设计，是要培养学生的问题意识和思考意识，给学生明确的思维导向，让学生主动学习，让学生最大化地主动参与到教学过程中来。导学案则着眼于学生的学，是学生自主学习的指南针。

翻转课堂如果配有导学案等更有利于学生有针对性地学习和练习。导学案的设计，是开展翻转课堂的重要前提，根据该学校的具体情况，导学案非常方便印刷、分发，也方便学生携带，可以在周一至周五每日进行家校翻转的学习。当然，导学案也非常适用于每节课当堂下发，让学生在课内开展翻转学习。

2. 微信平台互动分享

微信（WeChat）是腾讯公司于2011年1月21日推出的一个为智能终端提供即时通信服务的免费应用程序，支持单人、多人参与，支持跨通信运营商、跨操作系统平台通过网络发送语音、图片、视频和文字。当今社会，互联网技术和信息技术飞速发展，"互联网+"教育蓬勃发展。"互联网+"这一概念，旨在利用互联网平台，利用信息通信技术，将互联网和其他行业结合，创造一种新的生态。"互联网+教育"是教育领域的新生态，通过互联网技术，实现教育资源的远程分配，也就是实现在线教育。加上移动终端大量出现，尤其智能手机已大量普及，既然部分拥有手机的同学已经加入"低头族"大军，课余无所事事地拿着手机聊天或是盲目追星、关注娱乐动向，不如充分利用学生对信息技术的兴趣，让他们好好利用这一现代化的工具，让微信潜移默化地优化学生的英语词汇学习。

教师可以以微信群主身份建立一个班级词汇学习的微信群，课前通过移动互联网为学生发送课堂相关词汇的已编辑学习资料或学习视频，教师也可以通过微信发布课外的一些有关英语词汇学习的信息和知识，例如单词的近义词、反义词，或者固定搭配、句型、谚语或文化背景等，这样可以极大拓展学生的知识面，挖掘学生学习词汇的兴趣。学生可以利用智能手机、iPad通过微信进行文字、图片甚至语音的交流。微信平台方便了师生间的交流，还可以给部分内向学生大胆提问的空间，不再害怕或者羞于提问。

同时，微信可以使学习资源得以分享和扩散，让优质教学资源的分享成为可能。利用微信群组，讨论英语词汇的相关问题，对于典型的问题，教师可以展开重点讲解；利用微信朋友圈，可以传播英语词汇的相关知识，将值得的、喜爱的、经典的词汇知识发布在朋友圈；利用经典公众号，开展英语词汇教学，当然这需要教师做好筛选和鉴别，再向学生做好推荐，通过教师的肯定、鼓励，可以帮助学生更好地扩大词汇知识面，了解更多英美文化背景等。

（三）翻转课堂理念下高中英语词汇教学的内容

语言包括语音、词汇和语法三大要素，词汇是构成语言的基本要素之一，是语言组织的基本单位，能独立运用，具有声音、意义和语法功能。词汇，是一种语言里所有的（或特定范围的）词和固定短语的总和。词是语言的建构材料，也是最小的能够独立运用的语言单位。"词是比短语小、比音段大的一种结构，可以根据表示方法、表现的思想或者纯形式范畴而得出不同的定义。词由一个或者几个词素构成，是不可分割的结构单位。英语词有如下四个特点：词是不可分割的单位，词可以由一个或几个词素组成，词通常出现在短语结构中，词应该属于某个词类"。词汇中的任何词语都是通过一定的句法关系和语义关系与其他词语建立起一定联系的，并在语境中传递信息。

词汇学习的基本要素是音、形、义。词汇教学的基本任务让学生清楚单词的发音和拼写，词汇教学的重点是让学生掌握词义和用法，更重要的是让学生能在语篇中，通过听、说、读、写等语言活动，理解和表达与各种主题相关的信息或观点。词汇教学包括学生根据其所处的上下文语境，了解和深化新词与原文已知词汇的语境关系及运用意义的关系，即掌握新词在句子以及语篇中的实际含义。词汇教学是教师帮助学生进行词汇数量积累的过程，也是培养学生掌握词汇知识的深度和广度以及提高学生灵活运用词汇的能力的过程，最终实现语言交际能力的提高和增强。

（四）翻转课堂理念下的词汇教学设计原则

要想上好每一节英语课，就需要有好的教学思路做支撑，教师要结合学生实际做好教学设计。高中英语词汇教学翻转课堂教学设计，也需要符合翻转课堂教学的内涵，秉承翻转课堂的指导理念，遵循自主化原则、个性化原则、协作化原则和情境化原则。

1. 自主化原则

学生是教育的主体，教师设计的词汇教学内容，应该充分满足学生的实际需求，要能凸显学生学习的主体性。教师的教，不是简单地向学生灌输知识，是要向学生教授学习的方法，授之以鱼不如授之以渔，做到教是为了不教。学习者有能力独立做出与学习活动有关的决策并成功实施，通过教师教导与学生自学的共同作用，形成自主学习能力。要保持学生的持久动力，教师应创造更多的让学生能够运用外语进行实践活动的机会，通过精心设计形式多样的实践活动，让学生有选择地去决定、思考、体验、感悟运用外语所带来的成就感与乐趣。翻转课堂教学模式下的词汇学习，是要不断开挖学生的兴趣和潜能，让学生不再被动和被迫接受倾倒的单词，要让学生主动参与课堂讨论和实践，让学生愿意参与课堂，主动探究知识，锻炼学生自我发现问题和解决问题的能力。

另外，学生可以自主选择和把握学习的时间、节奏和环境，学生可以自主发现和解决学习中的问题，学生也可以以最适合自己的方式自主完成学习。如果学生因生病或者家中有事，不得不请病假或事假，导致学生缺课，这些错过的课程都可以通过翻转课堂的学习资料来弥补。学生可以开展自主学习，还可以根据自我实际情况调整学习英语词汇的时间和地点，可以在白天，也可以在晚上，可以在家中，也可以在医院的病床上，这大大方便了学生对于英语词汇的自主学习。

2. 个性化原则

每位学生英语基本功底情况各异，学习过程中遇到的问题以及需要的帮助会千差万别。教师要尽最大能力给予学生最大限度的帮助，对每位学生的需求进行不同分析。教师要多方面帮助学生制订具体详细的学习计划，确定与英语词汇学习目标有关的活动以及时间，并指导其对学习进行自我评价和自我监控。教师可以通过小组讨论的方式，让学生相互交流学习策略，了解学生对学习策略的使用效果，并对学生及时进行个别指导，做到个性化教学。该学校，每个班有近 40 位学生，因来自不同的初中，所受的初中义务阶段英语教育水平参差不齐，这也导致当前班级学生的英语基本功严重良莠不齐，要想协调好每个人的教学进度是非常困难的。教师不了解学生对词汇的熟悉程度，所以在讲解时，就不得不兼顾到各个层面的学生，这样，课堂的针对性不强，词汇学习效率不高。程度好的同学，觉得这些单词很简单，听着很无趣；程度相对较低的同学，根本不知道这些字词的意义和实际用法。所以，教师一定要本着对学生因材施教的古训，对于课前设计的问题，要遵循词汇教学规律，要能直击词汇教学的重点和难点，更要考虑到每位学生个人英语水平的实际差异，要尽量满足学生不同的理解力和英语学习能力。

在翻转课堂教学模式下的词汇学习课授课前，学生可以根据自己的英语水平及认知能力合理使用导学案或观看学习微视频，自主掌控和调节学习进程。在课堂学习过程中，教师可根据不同学生对学习任务的不同完成情况，设计不同要求的教学活动，对于一些共性问题，可以师生共同解决；对于一些个性问题，可以指导部分学生通过自主、合作、探究等方式自己寻求答案，做到学生个性化学习。

翻转课堂模式下的教学课堂，已经由传统课堂解放出来，由原先教师的一言堂，由教师自顾自地讲授，转换为学生的自主学习，学生可以在课堂自由提出自己的问题，发表自己的观点，提出自己的质疑，教师也从传统课堂中解放出来，不再霸占课堂，教师已经把课堂的主阵地还给学生。在课堂上，教师拥有了大量的时间，教师可以去倾听、去观察，教师在教室巡视的过程中，需要给予学生有针对性和个性化的指导，解决不同学生遇到的不同问题，这样才能提升不同学生的差异化知识运用能力。

3. 协作化原则

教师可以利用现代信息资源和技术，为师生构建相互协作的教学环境，这也是翻转课堂教学活动得以很好展开的基本保障。无论学生从教师处或者同学伙伴处获取学习资源，还是教师给予班级学生实时的词汇学习的指导监督和及时反馈，都非常需要师生之间和生生之间的相互协作和相互交流。语言是人与人相互交流的工具，单纯的个人学习不能真正品味出语言的魅力，更不能理解英语词汇的真正含义。无论是借助纸质导学案，还是借助互联网的微信群，都需要教师通过设计开放性和启发性的问题，引导学生进行小组的交流和讨论，让每个组员通过语言活动来亲自感受对英语语言的理解和升华。

起初，学生或许会受到传统课堂的影响，或许会由于自身语言基本功不足，非常放不开自我，不敢或者羞于与大家交流。但是随着学习内容和学习成果的不断丰富，学生语用能力的不断提高，学生发现了每个人都有长处，每个人都有自己的短板，大家需要相互协助和帮忙。在不断体验语言交流快乐的同时，相信学生会越来越愿意相互之间的协作互助，在同学之间不断交流和使用已掌握的词汇。

（五） 翻转课堂理念下的词汇教学环节

教学环节包括课前、课上和课后三个阶段。课前环节，教师提前编制的导学案以及通过微信推荐的微视频等学习资料是学生知识建构的基础和保障，也是促进学生自主学习内驱力的重要手段。在课堂上，教师通过词汇展示等活动为学生提供词汇实际应用的情境，帮助他们通过听、说、读、写，或表演、观看、讨论等感知方式来完成词汇深度的知识建构。在课后，学生对课堂所学内容进行反思，通过对词汇的巩固练习，做好及时查漏补缺，教师对学生的共性问题要及时总结分析，做到及时反馈，对部分学生的个性问题也要耐心解决，做好个别辅导。

"学习—消化—吸收—应用—迁移—发展—创新"是人类学习任何事物最基本的方法。在开展翻转课堂词汇教学前，结合现有的校情和具体学情，寻找适合的发展路向，对原有翻转课堂模型做一定的本地化改变，教师和学生在翻转课堂的三个环节都有各自的任务。

1. 词汇教学课前准备工作

（1） 教师课前准备。具体包括：

第一，设计导学案。词汇导学案是教师根据教学目标和教学内容，根据学生思维发展水平，提前对所学词汇设计导学提纲或相应的学习材料。教师设计词汇导学案的重点也应当在学生学习思路的引导上，要具体落实到学习活动及学习目标的问题设计上，确保学习内容提纲化、问题化，使学法指导具体化。教师不再占用课堂面授中的大部分时间来进行词汇的知识输入传递，对词汇细化详解，而是通过课前布置导学资源，简要阐明相关知识的导引和学习任务，以促使学生关注文本中的重要和关键词汇，将词汇知识的传输移至课前，由学生自主完成。

教师在课前设计词汇导学案时，要注意知识结构框架清晰，这样静态的学习内容才有可能动态化地呈现在学生面前。教师可以通过导学案让学生清楚了解课前的学习任务、学习目标，做到主次分明、重难点突出。例如，教师可以让设计学案中的词汇主题化，这样以点带面地引出单词；教师还可以让设计学案中的词汇内容丰富化，包括单词的词源、单词的文化背景，选取相应的名言名句或诗歌美文。

第二，创建微信交流群。互联网的飞速发展，腾讯公司的 WeChat 软件给人们的生活和学习带来了极大的便利。微信不仅能给人们带来娱乐和放松，更能让人们享受学习英语的便捷。教师建立班级微信群，将已经拥有智能手机的学生添加微信号，对于暂时没有智能手机或者家长不允许使用手机的同学，邀请添加其已经拥有微信联系方式的家长进群。

通过建立班级微信群，教师可以通过此平台及时为学生分享词汇学习的微视频等学习资源，发布学习任务等，方便学生进行微课程学习，学习教师布置的词汇教学内容，实现课前知识传输的教学目标。微信群也方便了师生间及时的英语词汇学习交流。

（2）学生课前准备。具体包括：

第一，学习导学案。学生根据教师预先设计的词汇导学案来预习所学英语词汇，完成相对较低阶段的认知目标，即对文本知识的熟悉和理解。导学案引导着学生课前有效自主学习，让学生积极参与到课前准备，知道如何下手预习，让学生不再对学习感到手足无措或者无能为力，改变或纠正了部分学生以往消极厌学的学习态度。

同时，在学生对导学案自主地进行学习和了解的过程中，教师也应当鼓励学生及时记录思想的火花，鼓励学生及时汇总学习过程中遇到的困难或疑惑，鼓励学生及时收集学习过程中的收获。学生对词汇导学案的学习，可以运用在家校翻转中，也可以运用在课内翻转中，这两种翻转策略都能帮助学生做好充分的课前准备。家校翻转，学生在家预先学习老师设计的导学案，可以发挥个性化学习的优势，学生在课堂上提出自己的问题，大家相互探讨，老师也可以及时个别指导。课内翻转，学生在课堂上，先用前一半的时间自主学习教师设计的导学案，再用课堂的后一部分时间，边学边练，通过 pairwork 或 groupwork 的形式完成高阶的学习任务，实现学生之间的探究协作。教师可以全程参与学生的学习过程，监督到每位学生的积极投入。

在自主学习过程中，学生要结合导学案，有针对性地解决导学案中出现的问题。学生对于导学案中的自主学习任务，可以完成得很好，也有可能存在理解的偏差，这都是正常的。通过自主学习导学案，提前清楚课堂将要讲解传授的知识点，发现知识点中自己的盲区，找出疑难问题，做好疑难点的笔记。课堂上教师基本是不用教新知识点的，主要针对学生提出的疑难点进行答疑解惑。

第二，微信平台学习或交流学习困惑。学生可在使用移动终端登录微信时，通过教师已经建立好的班级微信群，点击学习教师发布或分享的词汇学习资源，还可以及时点击教师推荐的精彩的微信公众号，以拓展知识面，根据词性、词语的习惯搭配和主题内容，构建不同词汇语义网，积累词块，扩大词汇量，并在大量的语言学习活动中，强化语感，迁移词语运用能力，最终做到词语内化。

高中生对英语的学习具有主动性、自发性和积极性，他们也很愿意接受新的事物，愿意不断地探索和钻研学习中遇到的各种问题，更希望能及时消除学习中的困惑。碎片化阅读正成为当前流行的阅读方式，无论是阅读内容、阅读载体，还是学习者本身，都成为碎片化的组成部分。微信满足了这样碎片化的学习和交流方式，非常适合碎片化阅读时代学习任务的开展。在忙碌的学习之余，学生有热情随时随地地学习英语词汇，微信群能够为学生提供这样一个学习交流的平台，他们可以及时提出自己在学习过程中遇到的疑惑，可以通过微信这个载体向老师或同学及时请教；在微信群中，同学们也可以通过班级同学的踊跃发言，打开自我思考问题的角度，拓宽看待问题的视野。

另外，通过微信，同学与老师之间、同学与同学之间的关系发生了质的改变，个别同学变得开朗，敢于发言，不会再如传统课堂般拘泥，彼此积极发言，甚至使用网络语言，让交流的氛围变得轻松欢畅，内向和拘泥的学生也有了发言的动力。传统课堂四十分钟，教师的提问不可能照顾到每一位学生，有的学生甚至从没机会发言提出自己的学习困惑。在课前的微信中，学生们可以畅所欲言，用文字提出自己的问题，大家也可以通过查找聊天记录的方式来回看自己需要的聊天信息，非常实用。

2. 词汇教学课上活动内容

（1）学生课上活动。具体如下：

第一，提出疑惑。在课堂上，教师要给学生机会，要让学生在课前提出对导学案或是对微信平台提供的学习资料的学习过程中对词汇知识点的困惑，要让学生指出自己在完成词汇练习时碰到的难点或瓶颈，教师甚至还可以鼓励学生对本单元词汇导学案提出中肯的建议。教师要给学生信心，多鼓励学生大胆作答、踊跃发言，这样才能方便教师多从学生的角度出发，多从学生的实际学情出发，来了解学生对词汇学习的真实需求，了解班级大多数学生词汇学习的问题所在，帮助教师摸清学生对待某一问题的弊端。

例如，特意选取易混或难发音的个别单词请同学朗读，判断学生对单词音标的正确发音，诸如单词 quiet adj. "安静的，安定的"，另一个单词 quite adv. "相当，很，非常"。这两个单词的发音是会让多数学生感到茫然困惑的，这需要教师的耐心指导。

第二，小组合作。考虑到大班级授课的实际情况，建议学生尽量按照班级座位就近来组合小组，大家以 3~5 人为一个学习小组，建议前后排座位之间组合小组。组合好学习小组之后，请同学们在学习小组中，推选出小组长，该小组长要组织、记录和负责好每次的小组活动。在小组合作互动过程中，每个小组成员都必须提出对某个问题的看法，要与小组其他成员进行意见的交流或观点的互换。每个组员都要积极参与小组的活动，要在小组内有事情做，不可以走神，不可以漠不关心。要积极参加小组的讨论、辩论、表演、歌曲等活动，组员要有集体荣誉感，为小组活动积极献计献策。在与同组成员交流的过程中，也不断会激发出思想碰撞的火花，会对每个事物的看法豁然开朗。

另外，在学生进行小组交流的过程中，也有可能再次出现解决不了的难题，这需要与班级其他小组成员一起探讨，需要全班同学的相互启发、相互引导，大家集思广益，彼此在实践中得出知识。如果小组间都难以解答的问题，可以由小组长将各组的问题汇总，由英语课代表再统一反馈给教师。

教师要归类整理学生课前自主学习后集中反馈的问题，鉴于每个学生的基础差异，在组内沟通、教师统一讲解后，部分学生或许还会有不理解的地方，教师要给学生时间提问，或者给予一对一的帮助。教师还可以根据大家对单词的掌握情况，确定出有意义的、有探究价值的问题，供大家在课堂上一起讨论。在词汇的学习过程中，也可以让同学完成单词或词组填空，以判断学生对其二者的词义或使用方法区别的掌握程度。在翻转课堂教学中，学生在课前自主学习教师通过导学案传递的知识后，在课堂吸收内化阶段实现，学生已经掌握单词的词义和用法，或者学生可以通过词典找到单词的用法，通过小组讨论彼此交流得出答案，这个讨论的过程，学生的主动热情参与，自由、民主、公开的学习气氛，学生会轻松容易学会词汇的辨析。

第三，展示操练。学生将课前自主学习到的新知识和新技巧在课上进行实际操练，教师通过学生在课堂的具体操练情况，可以判断学生对所学相关词汇知识的具体掌握程度。教师对学生课前的碎片化学习、碎片化知识摄入，要在课堂上正确导引，进行词汇知识的梳理、归纳和整合，帮助学生最终到达知识的内化。教师提问，学生回答；或者学生提问，教师回答；也可以通过学生 pairwork 或 groupwork 等互动形式。学生在课堂上展示交流的顺序是先小组、后全班，大家先以小组为单位进行组内交流展示，然后各个小组再选派组员代表在全班进行交流，展示学习成果。

要想自如运用这些词汇需要实践过程，更需要同学们课内的实践操练。可以安排学生口头展示，或者黑板书写展示，这样更容易清晰暴露学生在知识应用中容易犯的错误。例如，教师可以听学生的单词拼读，了解学生对该单词的音标掌握是否标准；教师可以通过学生的造句，了解学生对单词词组或固定搭配的使用是否正确。或者教师就文章的标题或文章中有争议性的问题，提出并让学生积极参与讨论，让大家畅所欲言，集思广益。这样的讨论不仅能让教师了解学生对文章中所学生词的读音是否正确，词组搭配是否准确，还能进一步查看学生对文章主题进行挖掘的探索，同时也是学生们互相交换观点的好机会。这样的讨论通常以 "What do you think of...?" "What's your opinion about...?" 等展开。在日常学习中，学生之间交流展示的机会不断增多，学生实际运用单词、词组的能力才能不断增强。

（2）教师课上活动。具体如下：

第一，解答疑惑。翻转课堂上，教师不是在给学生讲授新知识，而是在针对学生的问题进行答疑解惑。教师从学生的实际出发，启发式回答学生的问题，对学生提出的疑点或难点必须一一解释清楚，不能模棱两可，更要避免填鸭式教学，不能倾倒式输出，一下给学生讲授很多单词，要采用启发式和讨论教学法。翻转课堂模式下，单词的学习不是依靠转换形式的板书——打印好的导学案，有同学只是纯粹地背诵导学案上呈现出的单词的用法讲解或者例句。教师要引导学生在课堂上深度探讨问题，单词的教学活动要引导学生主动思考，为了加深其认知过程和知识的内化，教师可以结合学生的生活实际，为学生创设情境，构建词汇学习语境，注重语用教学，将英语词汇与学生生活实际相结合，用生活中的例子深入浅出地来解释词汇的疑难点。

另外要注意一点，教师对学生已掌握的知识无须重复讲解，毕竟学生每天课外学习的时间很有限，学习英语的时间也是有限的，一定要充分利用宝贵的学习时间，帮助学生实现英语词汇的情境化和个性化学习，教师在课堂进行及时答疑或现场辅导，有针对性地给学生课堂完成的学习任务或学习作品进行适时点评，对学生取得的成绩给出鼓励和正面引导，同时根据学生课堂提出问题的实际情况进行课堂拓展。对于小组成员合作探究过程中，个别学生偏离主题的思考或言谈，也非常需要教师适时加以指导和点拨，不可浪费时间，让学习的付出颗粒无收。

第二，拓展强化。教师指导学生完成知识点的综合运用等任务，呈现进阶词汇学习任务完成过程的共性问题，对学生学习活动中掌握不到位的地方及时给予释疑；同时，根据学生课堂中所提出问题的实际情况进行课堂拓展，引导学生主动思考和深入探索学习中遇到的问题，适当加深难度，为学生设计拓展练习，提升对该词汇学习的掌握度。例如，为学生分析单词的词根，并通过添加前缀或后缀，拓展和延伸单词的同根词。通过一个单词，延展出多个单词，巧用词根记忆单词，扩大词汇量，提高学生阅读能力的同时，也提升了学生口头用语和书面用语的用词水平。以 use 词根为例，通过添加前缀或者添加后缀的方式，可以延伸出多个单词，这可以向学生很好地展示，可以通过词根巧学单词、巧记单词，可以极大减轻学生记忆单词的负担。如：useful、useless、used、abuse、abusive。

3. 词汇教学课后巩固安排

（1）教师课后总结。教师在课后要带领学生做好翻转课堂的总结分析工作，对学生的学习情况客观地进行点评，对学生本单元的词汇学习情况、词汇练习与实际运用情况给予及时的反馈，对于学生在学习中有待改进和改善提高的地方，及时给予指导。教师要帮助学生梳理课堂解决的疑惑点，要深入分析学生学习单词的突出问题，引领学生复习易错点和易混点。要帮助学生清晰区别和判断，避免各个知识点的混淆，完成本节课词汇学习的操练和运用。此外，教师通过课后巩固环节，还要带领学生整理重难点，教师可以对疑难点设计多种形式练习，让学生反复不断操练，还可根据实际需要，对学习依然存在问题的学生进行个别辅导。

（2）学生课后巩固。学生根据教师评价反馈对课堂内容进行温习和巩固，尤其关注好重难点，做到牢固掌握知识，以完善知识体系的构建。学生通过完成课后练习，不断地操练，将难点弱化，熟能生巧，最终做到熟练驾驭。对于一些较难掌握的知识点，对学习依然存在问题的个别学生，可以依旧以学习小组的形式，采取组员之间相互协助、互相帮助的形式，或者通过小组讨论，甚至会有学生通过组员的帮助，用学生之间无代沟的语言，更容易交流的话语遣词造句，最终更轻松理解英语单词的用法，进一步内化知识。

要想使学生能够实现对知识的自我建构与内化吸收，还需要学生能够在学习中学会不断反思。在翻转课堂模式下，让学生坚持课后反思，可以让他们及时认识到并及时理清自己在词汇学习中所存在的问题与不足，做到及时纠正错误，及时查漏补缺，更好地实现对词汇知识的巩固和内化，为下一步学习打好基础。学生可以复习导学案或者温习教师设计的相关练习，了解自身对词汇的掌握情况，发现自己的学习不足，以提高英语词汇应用水平。

高中英语词汇的学习中，会大量出现相似易混的重难点，如果不理解或者不细心就会造成错误。通过翻转课堂的教学，学生的亲身体验和实际操练，更能清晰感触英语，在今后的口头表达和书面表达中都会认真用心。

（六）翻转课堂理念下对词汇教学的评价

教学评价就是依据一定的教学目标，运用一切可行的、定性与定量的手段和方法，对教学活动所涉及的主要因素及其效果进行价值判断，从而为调节和控制教学提供依据，保证教学任务得以顺利完成的过程。翻转课堂的评价环节是检验翻转课堂实施效果很重要的因素，翻转课堂的运用不仅着眼于学生所学知识点的掌握和提高，更要着眼于学生自我学习能力的培养，如协作能力、交流沟通能力、创新思维、批判性思维。在翻转课堂的词汇教学中，更要好好把握教学评价这一环节。

1. 评价方式的多样化

为了全面、科学、公正、客观地评价学生的英语词汇学习的真实情况，教师有必要将过程性评价和终结性评价二者有机结合，取长补短，发挥各自的优势，对学生的词汇学习进行综合评判。

（1）过程性评价。过程性评价是在学生学习的过程中进行，注重学习主体参与的过程，以促进学生发展为目的，注重学习过程的价值建构。每一位学生知识的获得、技能的培养、能力的形成，在学习过程中所取得的阶段性成果，通过合理、恰当的方式给予肯定，可以帮助学生增强对学习过程的认识，促进学生学习词汇成就感的养成，有效帮助学生英语词汇实力的增强。

翻转课堂模式下的英语词汇教学不能像传统课堂只关注学生参与学习活动的结果，而是会更重视学生参与学习的过程，以平时的练习和任务为主，包括学生的学习态度和学习效果，具体体现在课前资源的学习与小组讨论、课堂表现与讨论答疑等，例如学生自主学习的过程，学生参与讨论的过程，学生提问的过程，小组成员相互协作的过程，个别指导的过程。小组成员在学习的每一阶段、每一环节都可以被关注和评价，它是一个长期持久的过程，注重学生每一阶段的成长，有利于学生及时反思，不断发现问题，不断解决问题，促进学生更快更好地成长。教师对学生的评价不能局限于某一次测试的成绩或者每一学期期中、期末的测试成绩，不能坚持以往的守旧观念，用分数看待学生。

每位学生在每份试卷取得的成绩，只代表这份试卷所检测的知识点被学生掌握的程度，任何人都不能随意骄傲和自卑。如果成绩高，表明所测试的知识点，学生掌握到位了，值得肯定；如果成绩低，表明所测试的知识点，学生还有欠缺，需要赶紧查漏补缺。试卷上未检测到的知识点，未必都会，也未必都不会。有同学是因为考试粗心，有同学是因为考试紧张，所以不能将某个同学某一次的成绩看得太重。

（2）终结性评价。终结性评价又叫总结性评价，是在教学活动告一段落后，为了教学活动的质量和最终效果而进行的结论性评价。它重视结果，目的是通过对学生知识和技能的掌握做出鉴定，从而对学生进行甄别和选拔，并根据成绩对整个教学活动的好坏做出判断。学校目前的阶段性考试、期中考试和期末测试都属于这类评价，评价主体是教师，方式简单，易于操作，测试结果准确、直观。

对于课堂所学知识的结果的评价出现在课堂研讨总结部分，是对教学过程进行提炼升华，教师要进行课后的反思，课堂的总结，教学目标的优化；学生要通过保存的文字、语音、视频、讨论、练习等资料回顾本人课堂的学习情况，查看自己对知识的掌握情况，对技能的掌握程度。

总结性评价也可以在每个单元的学习任务完成后，将课本及听力、阅读、翻译等各种练习中出现的单词进行考核，查看学生掌握的词汇以及学习情况，可以对其进行等级划分，由教师对学生进行考核，当然对于高一阶段的学生来说，等级划分往往非常宽松，主要为了激发学生学习的积极性。

对于学生的评价，可以由过程性评价和终结性评价一起来完成，过程性评价占 70%，终结性评价占 30%。注重学生平时的学习表现，关注学生课前、课上以及课后的种种表现，让学生不再抱有侥幸心理。

2. 评价主体的多元化

（1）学生自评。将评价主体由传统课堂单一的教师评价发展为多样化主体协同参与，由只许教师评价到学生可以参与评价。学生是自我学习的主人，是自我英语词汇学习的最直接参与者，对自己每日的学习负责，对自己英语词汇的学习有着最清晰、最直接、最真实的了解，对自己学习过程中的强项和弱项把握分明，对自己的学习评价也可以做到更深入、更具体、更有针对性。在学习的评价过程中，要大胆放手，主张学生参与到每日的自我学习评价中来，从多个方面强调学生由被评者转向评价者，由被教师评价转向自我评价。通过对学生自我意识的培养，让学生自我责任心增强，通过填写"学生自评表"，学会主动规划英语词汇学习的时间，提高个人时间管理能力，学生会更加积极和认真地找到自己学习中的问题，敢于面对问题，并及时纠正问题，不断获得发展的动力。

（2）学生互评。学生可以在教师的指导下，通过利用英语课堂上的 pairwork 与 groupwork，或者借助互联网和信息技术，利用微信群，与教师和同班同学在课堂上或者微信平台实现个人的或者多人的线下或者线上英语词汇学习情况的交流。借助微信，学生可提出问题、解答其他同学的疑惑、参与教师与同学之间的讨论等，当然也可以指出同伴之间词汇学习的问题，比如发音、书写或是用法。但尤其要强调的是，同学相互之间指出问题时，必须注意表达的方式，注意语音语调，注意说话语气，必须善意，被指出问题的同学要虚心接受，要心怀感恩，不可以小心眼。每位同学提出问题的次数、所提问题的质量、参与讨论的热情以及为他人提高所做的小付出都可以被记录在刻意制作的"学生互评表"上。它不仅能记录学生的成长过程，具体学习情况，还能让学生相互帮助，相互合作，潜移默化地培养学生的团队精神。

（3）教师评价。这是传统课堂中最让大家熟悉的评价方式，在翻转课堂教学模式下，依然不能忽视教师的学习组织者、管理者和监督者身份，教师依然可以从旁观者的角度来给予学生的表现一定的评价和点拨。教师的评价是学生自评和学生团队之间互评的有益补充。教师的评价主要针对学生的情感、态度、学习方法、学习问题、学习策略以及阶段性的进步，等等。例如，学生是否通过教学平台在课前与学生形成了积极良性的互动交流，学生是否及时参与了同学在交流平台所提出的问题与困惑。教师的评价，可以给学生极大的激励和督促作用，可以帮助学生不断前行，不断实现自我学习习惯的养成，不断实现英语词汇的能力提高。

第二节　高中英语词汇教学中的参与性教学模式

一、参与型教学的理论基础

高中英语词汇教学主体参与就是在高中英语词汇教学中，把学生作为主体，结合高中生的特点和培养目标，通过教师采取各种教学措施，使学生积极主动地参与教学活动，能动地、创造性地完成学习任务的倾向性表现行为。

从教的方面看，英语词汇教学学生主体参与实质上是在教学中解放学生，使他们在一定的自主性活动中获得主体性的发展。从学生学的方面看，英语词汇教学主体参与就是学生从内心真正地主动参与到词汇学习中，发挥其主体作用，通过积极思考和实践探索，体验到学习词汇的快乐与奥妙，增强学好词汇及其他学科的信心，从而让学生在参与中学会学习、学会创新、学会与他人合作。

高中英语教学目的不仅是教会学生书本上的知识，更重要的是使学生有良好的情感态度、行为准则、自我调控能力、继续学习的能力及创新能力等，最终目的是使学生能够顺利地融入社会并发挥自己的各种能力，更好地实现自身价值。鉴于此，在提高学生主体参与的英语教学中，着重从情感参与、行为参与、认知参与等方面进行培养。学生的情感参与是学生关于学习的一般目的和信念在学习活动中的整体反映，是学生主体参与活动的动力因素。比如：有强烈的学习英语的愿望，在学习过程中伴随着愉快、好奇的感觉，通过学习带来的成就感使自己产生更强的信心等。没有学习英语词汇的情感，也就失去了学习英语词汇的动力。行为参与是学生在参与学习中具体实施的外现行为和内在行为。行为参与中包含着思维参与，思维参与又促进着行为参与，它们是相辅相成、互相促进的，是一种基本的和本质的参与状态。它反映出学生在学习行为中是否积极参与，是否真正参与到学习中来。认知参与主要包括学生的认知策略和自我监控等方面。具体表现如知道反思自己学习过程中的优点与不足，并能够及时改善与纠正，完善自己的学习过程。

（一）参与型教学的教育价值

1. 有助于革新传统词汇教学模式

长期以来，由于词汇教学模式以传统教学为主，学生被动接受。这种教学给学生的主要是间接经验，学生缺乏对词汇知识形成的情绪体验。他们掌握的词汇不管从记忆还是从运用的角度讲，都不够牢固。只有使学生主动参与才能增强他们的感受。

主体参与式教学可以变"知识被嵌入学生"为"知识被学生积极内化"，可以使学生生成词汇知识。教学活动的结果是学生身心发展的变化，这种变化是通过学生的内化与外化的互相转化形成的。教师可以运用自己的权威让学生做出外化行为的选择，但教师却永远无法通过威逼手段使学生达到自学能动的内化，内化的实现取决于学生自己的内化需要。通过主体参与，教师完成了实践价值的创造，学生完成了认识价值的创造。学生在主体参与的教学中，设计符合他们自己的教学活动，使用属于他们自己的独特又全新的方法，并在题目中得心应手地使用自己的想法，这对学生来说是一种激励，也促使他们得到更好的发展。

2. 有助于提升英语教学质量

对于课文词汇的处理，以往需要两到三个课时才能完成，学生筋疲力尽，被动接受并记忆，积极性不高。主体参与式教学把词汇的任务提前分配给学生，并由学生自主参与词汇的讲解中，在实现了把课堂交给学生的同时，也将词汇课的课时缩短到一课时。提高学生学习词汇的热情，提高了教学质量。学生对自己总结的词汇知识及别人总结的词汇知识很有兴趣，往往能用最简单的方法解决相对较复杂的词汇知识，学生乐此不疲。

参与式教学中，课堂的高效率帮助学生解决了课上低利用，课下高利用的情况，既能对词汇知识记忆深刻，又能节省课下大量的时间，把词汇学习的热情留住，把词汇学习的乐趣留住，把词汇学习的负担解除，让学生不再望词汇而生畏。学生兴趣的增加和学习质量的提高让学生信心大增。主动的学习取代了以往的被动接受，时间的积累，信心的积累，兴趣的积累让学生主动学习、记忆、分析，甚至归纳总结。

教师在教学中的主体参与是以尊重学生的需要为前提的，满足学生的发展需要、表现需要等就是对学生主体地位的尊重。

3. 可以使英语词汇课堂充满活力

生命的冲动、勃发，人生的意义是通过生命的活力得以体现的。教学作为一种活动，首先是师生生命活力的一种体现，传统灌输式的词汇教学使学生昏昏欲睡，沉闷的课堂气氛压抑了学生天真、活泼的天性。为此，不仅要使师生的生命活力在课堂上得到积极的发挥，而且要使教学过程具有生成新因素的能力，具有自身的，由师生共同创造出的活力。

在主体参与式词汇教学中，教师把词汇的讲解任务交给了学生，学生提出了一些激励手段，比如讲解好的一组可以免一次听写，或让一节课中得分较低的一组在下一节课表演一个节目等，这些方法不仅缓解了紧张的课堂气氛，也可以让学生在讲与听词汇的同时思考如何用更好的方法来记忆所学的知识点，并乐于把自己的方法与大家分享，这一分享的过程也促进了学生对词汇点的记忆。

一节课中表演节目让学生对词汇课充满了几分期待，节目的丰富多彩增添了词汇课的乐趣。这并非词汇课充满活力的唯一来源。学生对其他组成员对词汇点的讲解方式更是充满了好奇，独特创新的讲法或让学生捧腹大笑，或点头认同，或提出新的挑战，或共同商讨解决方案，讨论氛围激烈并融洽。主体参与性教学增强了学生合作学习的活跃性。通过主体参与的实践锻炼，他们的参与能力大大提高，在参与的过程中，他们对主体参与产生了一种兴趣，他们不仅乐于自己参与，也会鼓励并激励同伴进行参与。课堂热烈的讨论氛围对于其他同学也是一种有力的刺激。

4. 利于形成和谐的教学人际关系

发展学生的自主学习意识和能力，教师应由传统的知识传授者向学生自主学习的促进者、学生学习的合作者、课程资源的开发者等角色转变。这表明，在培养学生自主学习的教学模式中，教师的作用不是被削弱，而是更多元化了。这不仅要求教师具有高超的技巧，更要求教师具有创造性。而富有创造性的教学需要教师拥有自主权，需要教师按照自己确定的有效方式呈现教学材料，创造、改进和超越自己所教的课程。教师角色的转变并不是由学生在课上随意发挥，教师只起到一个监督的作用，而是对教师的职能有了新的要求，教师对课堂的操控更具技巧性、灵活性，对课下准备的要求更高了，要具有高效性的特点。

主体参与性教学增加了教师与学生的交流与合作。课下学生与教师一起讨论问题，一起设计词汇课，让学生感受到教师对工作的责任感，对他们无私的爱、关怀与帮助，学生的主体参与可以促成教师与学生间的思想沟通，这是加深师生情感的重要途径。学生在教学中的高昂热情会在一定程度上助长教师上课的热情。主体参与的氛围也可以使学生逐渐对课堂的主动参与有一种认同和支持，词汇课堂中封闭沉闷的气氛自然会消除，学生以开放的姿态走向每一个人。

5. 有利于形成学生的责任感与社交技能

有责任感是完整的人的重要品质，人要树立责任感就必须承担某种社会角色，要有承担事物的体验。主体参与使学生在教学中自始至终地承担着主人的角色，他们把教学看成是自己的责任。在分工协作学习中，学生能够确立起敢于负责的意识和精神。主体参与可以使学生在与教师同学频繁的交往中学会与人相处的艺术，他们会在语言、行为等方面加强修养，使自己具有一定的亲他性、合群性，交往技能也会得到一定的提高。

同学之间互教互学、交流信息的过程，也是彼此互助互爱、情感交流、心理沟通的过程。在小组合作学习过程中，学生分担活动任务，共享成果，相互交流，相互评价，他们或作为集体的一员为完成任务而自豪，或为代表小组展现小组的成果而骄傲。学生们从中体验到一种被他人接受、信任和认同的感觉，体验到成功的愉悦，自信心得到提升。在合作小组中，大家相互勉励、共闯难关，在遇到困难和挫折时，相互勉励增强克服困难的勇气。在共同商讨解决难题的过程中，组员们学习如何关怀和帮助他人，提高处理人际关系的技巧，学会与不同背景、不同性别、不同能力的人一起合作。

（二） 实施参与型教学的原则

学生有无参与教学的兴趣，关键取决于教学有无较强的情感性与教学是否能够满足学生的需要，英语词汇教学在先天上就是不太吸引学生的。要在这种情况下实现愉快教学，就必须将吸引学生的一些因素纳入课堂，无论是教师话语鼓励，还是小组之间的竞赛都必须把握下列原则：

1. 符合学生课堂学习需求

课堂教学中参与情境的创设对主体参与过程起到了引发、导出和定向的作用。教师根据教学目的的需要，依据一定的教学内容创造出某种认知情境和情感气氛，用以调整学生的心理，形成参与欲望，从而进行生动活泼的教学。

（1）民主情境。教师用现代教育观审视课堂教学，调整师生、生生关系，课堂教学活动在民主、平等、和谐、宽松的情境中展开。教师关心爱护学生，对学生充满信任和理解，提倡和鼓励学生积极参与，遇到问题与学生平等协商。在这种情境中，学生的主体意识才会有形成的"土壤"和生长的"养分"。教师在课前给各小组分配任务，并不强行地规定哪个组负责哪一个词汇点，而是把任务呈现在大家面前，由各小组自行决定要负责自己感兴趣的那个知识点。在上课时，负责讲解知识点的同学也由小组内自己协调，一般情况下小组内会轮流，这样学生不会感觉有负担。教师在课前与课上都给了学生足够的时间与空间，让学生在完成任务的同时，充分行使自己的决定权。在学生讲解之后，对于一些有争议的知识点，教师要进行正面积极的引导，鼓励其他同学发表自己的不同见解，往往会出现大家争论不休的局面，学生对这种随机的讨论乐此不疲，越来越多的人愿意参与到讨论中。这种讨论激励了学生的学习欲望和表现欲望，促进了知识点学习的高效，师生关系的和谐。

（2）乐学情境。课堂教学中可以通过构造美境、趣境、谐境、奇境来创设乐学情境，营造使学生产生积极的心理状态和学习行为的课堂教学气氛，促使学生积极学习、提高参与效率，还会对学生的心理健康和形成良好的个性心理品质产生深刻的影响。教师备课的一个重要组成部分就是依据知识点，创造乐学情境。可以利用图像来刺激学生的视觉，比如在介绍一个国家位置时，教师可以呈现一张地图，也可以给新单词配上相应的图片；在介绍音乐时，教师可以充分利用歌曲等来引起学生听觉上的共鸣；在讲到戏剧或故事时，教师可以创设与故事有关的情节让学生通过肢体语言对文章的内容进行解释；在涉及学生感兴趣的内容时，教师可以给学生一个可以引起争议的话题，让学生讨论，充分调动学生的思维，力争达到百家争鸣的局面。这些情境让学生在视觉上、听觉上、动作上、思想上等各方面都能得到一定程度的满足，让一节原本单调的词汇课变得充实、丰富、多姿多彩。

（3）成功情境。使学生不断体验成功的乐趣，是主体参与不断深化和参与步骤不断升级的重要保障。成功情境是每节课的必要组成部分，这既是对学生付出努力的及时肯定，也是对词汇学习持之以恒的重要保证。教师在课堂上，无论学生准备得是否达到了教师的标准，说得是否精确，哪怕只有一点点成绩，都应该及时地表扬与鼓励，让学生感受到教师的支持、肯定与信任，并在教师的激励中获得继续努力的勇气与决心。

2. 适合学生兴趣

教学在先天上就是不太吸引学生的，要在这种情况下实现愉快教学，就必须设计运用好教学中具有一定启动性、催化性，能使主体参与得到即时性发生、发展的教学因子。趣味性是这些教学因子的一大特征。教师要在教学中操纵各种教学变量，使学生怀着快乐、有兴趣的情绪进行学习，也就是说，使教学在学生乐于接受、乐于学习的状态中进行。教师不仅要注意学生接收信息过程中的能力加工状况，还要关心学生接收信息过程中的情感状况，努力使学生在快乐、兴趣中接受教学内容。

传统教学中，教师更多关心的是从认知角度上看，如何使教学内容能够为学生所接受，即贯彻的是可接受性原则。而在情感教学中，教师的着眼点不仅在于学生能不能接受教学内容，还在于学生乐不乐于接受教学内容。值得提出的是，学生是否乐学在很大的程度上取决于教师在教学中的控制和调节。引入西方文化或相关的趣味表达可以博学生在课堂上一笑，轻松之余又扩展了知识面。

3. 调动学生主动性

浓厚的学习兴趣可激起强大的学习动力，使学生自强不息，奋发向上。而英语课堂是教师激发学生学习兴趣，提高学习参与意识的重要场所。因此教师应牢牢占领这块阵地，想方设法使英语课堂激情四射、学生兴趣盎然。这样，学生因为课堂的精彩产生强烈的参与愿望，教师看到学生的倾情投入而不断提高课堂质量，形成良性循环。

学生的积极性在教学过程中起到如此关键的作用，除了词汇课堂的内容，学生讲解的技巧，教师有目的地激发学生的兴趣外，多媒体在课堂的使用，小组间的比赛，组织游戏，增强课堂美感，多样的教学技巧和教学素材，利用歌曲与节目等使教学变得生动、活泼、感染力强，优化教学情境，改变以往课堂中死气沉沉的气氛，拓展了教学情景，多方面地调动学生的感官，让学生多渠道地获得信息，从而加大了课堂教学的密度。充分调动学生各种智力、非智力因素，让他们兴趣盎然地学习知识，培养口语能力，从而提高英语的实践能力。

二、实施参与型教学的必要性

教育者们都在倡导重实践轻语法。词汇教学也是语法教学的一部分。而轻语法并非指不讲语法，而是指在语法教学中避免词汇讲得过多过深，更好地为交际及学生以后的进一步学习使用奠定基础，这对词汇教学提出了更有效的要求，即帮助学生养成词汇学习的自主性与主动性。词汇教学是学生能力提高的必经之路，是学生各方面能力提高的基础。没有词汇就如同大楼没有了地基一样。问题的关键在于如何把词汇课交给学生，让学生在自主性学习的氛围下，不仅学习到了词汇知识，还尝到学习词汇的乐趣。

语言的习得犹如房屋建造，假如词汇是砖块、钢筋，那么必要的词汇知识就是把这些砖块、钢筋有机集合起来的混凝土，都是结构构造的关键。懂得词汇可以减少运用语言的盲目性，帮助提高语言的实践能力，即理解的正确性和表达的准确性。在中学阶段英语词汇掌握的好坏直接关系到学生愿意学习英语与否。在高中英语教学中，怎样进行词汇教学是教育者一直思考与探究的问题。

以培养学生的创新精神和实践能力为重点的全面实施素质教育是当前基础英语教育改革的焦点。而培养学生自主学习能力是培养学生创新能力的必然要求。培养高中生自主学习能力是终生教育的需要，也是学生可持续发展的要求。

三、实施参与型教学的策略

（一）师生共同做好教学准备

学生是学习的主体，教师要为学生学习提供丰富的学习内容，这包括分析教材、灵活处理教材内容，从学生的生活经验和已有的体验开始，从实际出发，在学生熟悉的具体情景之中，使学生的知识有的放矢。同时，教师要培养学生在课前主动参与备课，如准备学具，预习教材，课前小组活动、搜集资料等，发挥学生探索知识的主动性，利用社会资源丰富学生的知识体验、整理能力，并在探索、发现、获取中得到发展。学生的学习方式不能是单一的、枯燥的、以被动地听课和练习为主，它应该是充满生命力的过程。教师要做好学习环境的调控，把学生置于问题情景之中，营造一个激励探索的气氛。要给学生充分活动的时间和空间，进行探索、实践、交流，解除困惑、明确思想、与他人分享想法，体验学习的过程，扩展知识和体验知识。

教学活动中，应该是教学行为互尊，教学资源共寻，学习活动互动，学习成果共享。教师对待学生出现的质疑，不可搪塞，要珍惜学生的学习结果，学生对知识的理解、思考，哪怕是错误的结论和推理，教师也不能对其否定、冷落，应以平等、交流的方式引导、点拨，并在指导中肯定学生的"闪光点"。特别是对学生学习中有创见、有创新的结论应给予及时的肯定和赞赏，让学生感受教师的"宽容"和"魅力"。

在课前，对词汇课的应教内容进行认真仔细的筛选，并对这些知识点需要讲解的部分进行仔细的推敲，因为词汇的讲解不需要面面俱到，同时对不同的知识点的讲解技巧更要反复地斟酌，做到讲解通俗易懂、生动形象。在备课的同时，也要在课前指导学生对自己负责的知识点应该准备到什么程度，让学生清楚自己任务的同时，按照教师的要求做到最充分的准备。有些词汇课，可能还需要教师与学生准备一些道具，因为视觉冲击比单调的文字更会给学生留下深刻的印象。

（二）个人活动、小组活动与集体活动相结合

主体参与性词汇课将教师和每个学生的个人活动、课前小组的活动与课堂上各小组间的合作结合在一起。小组合作学习体现了"自主、合作、探究"的学习方式，其最大的特点是能使每一个学生都积极参与到课堂学习及课外活动中。一个小组是一个集体，每个小

组成员都是集体中不可分割的一员，需要其他成员的合作与支持，同时也有义务为小组做贡献。在合作学习中，学生之间发挥自己的个人力量，互相帮助、互相鼓励，共享学习材料，让小组成为一个整体，从而激发学生的学习动机，充分调动他们共同参与学习的积极性。

学生合作学习单词，合作预习新课，合作表演，合作归纳知识，合作写作，合作订正错误，合作续讲故事。小组合作性学习是当前教学改革的主要趋势。实践证明，在英语课堂中采用小组合作式学习，将最大限度地调动学生的主体性，提高他们发现问题、解决问题的能力；同时，合作式的交流有助于学生在民主平等的基础上与他人互相合作，发挥同学间相互鼓励、相互启发的教育作用，让学生在主动参与的活动中完成合作意识的内化与合作能力的提高。合作学习贯穿课前预习，课堂操作与课下巩固整个词汇学习过程，发挥了学生的主体性，提高了学生的自信，培养了学生的合作能力和团队精神。

（三）增加师生交流，增强课堂互动

在学校教育的实践中课堂教学活动并不是单一的认知信息的传递过程，而是一种师生情感不断升华与交流的过程，这就需要教师在组织课堂教学的过程中充分认识和考虑认知因素的同时，善于思考与运用人的情感因素的积极作用，以此实现自己的教学目标，增强课堂教学的实效性，这就是情感教学最根本的内涵。情感教学在课堂教学中的应用，对学生学习的情感起到了"激发、维持、巩固"的作用。情感教学冲破了传统的教学样式，给学生提供了尽情表达，与人交往合作，积极参与决策，自觉参加活动的机会，同时也为学生提高表达能力、合作能力、组织能力等社会能力的发展提供了有利的条件。

教师在实施课堂教学评价时，可以实施显形与隐形的评价策略与方法。所谓显形的方法，就是通过教师对教材的精心设计，创设师生情感互动的环境，有准备对不同学生实施不同的问题教学，特别是对学习困难学生适当降低对知识点的评价要求，并对他们的表现更应侧重于热情的赞赏与鼓励，比如故意把该生已经知道的知识再次提问，让该生回答，并对正确的回答给予评价，帮助学生建立自信心，使教师的教育能满足学生认知与情感共同发展的需要，形成和谐合作的教学环境，在整个过程中能使学生有直观的感受与体验，就是显形的评价方法。而隐形的评价方法，教师在实施教学过程中随时关爱学生的表现，对学生的评价表现在细微的面部表情、富有情感的动作、充满激励的眼神，这样引起师生情感交融的行为就是隐形的方法。通过对情感评价策略与方法的有效实施，既能促进学生学会英语知识，又能增进师生情感的互动与交流。

任何教师想获得教学的成功，只要有对知识的满腔热情与信心，就能激起学生情感的共鸣。教师在组织学生的教学过程中循循善诱，用自己的真情和爱心，创设与营造激发师爱的场景，为学生培养健康美好的情感世界，在教师的热情与用心呵护下让每一位学生获得成功的快乐与体验。

第三节　生态视阈下高中英语课堂词汇教学的构建

一、教育生态学原理

教育生态学原理是教育与教学环境间相互作用的规律和机理。就其基本原理与规律的认识方面，最权威的认知就是教育生态学有效揭示了教育内部规律的基本原理，分别是限制因子定律、耐度定律、"花盆效应"、教育生态位原理和阿里氏原则。

（一）限制因子定律

限制因子定律是 1840 年由德国学者李比希（Justus Liebig）研究谷类作物发现的。通过观察研究发现，限制谷类作物产量的不是人们通常以为的作物大量需要的那些营养元素，反而是在平时很容易忽略的那些微量元素。所以，要想大幅提高谷物的产量，最有效的办法就是稍微加入所缺的微量元素。这些微量元素就是影响作物产量的"限制因子"。该规律就是限制因子定律。在英语词汇教学的生态系统内也存在"限制因子"。根据该定律，要想改变目前的词汇教学现状，提高词汇教学效率，就需要找出词汇课堂教学中的限制因子。

作为教师，需要对词汇教学过程进行仔细分析，对影响词汇教学的所有因子进行整理并就此设计问卷对学生进行调查和访谈，同时通过观察和实验确定词汇课堂教学的限制因子，进而进行有针对性的教学，大幅提高学生的词汇水平和词汇运用能力。

（二）耐度定律

耐度定律认为，生物是生存在一个大的生态环境下，对综合环境中的任何因子或者物质都有一定的依赖性。以生物的存在与发展而言，当生存环境中某一项因子的量（或质）不足或过多时，该物种则无法生存甚至可能会遭受灭绝的风险。可见，生物对任何一种生态因子的需求不同，太多或者太少都对生物有害，只有最适合才最好。因此，教师应该多和学生沟通交流，不断寻找课堂教学各因子处于怎样的状态最适合学生学习。

例如，在词汇课堂上，教师通常会采用重复或者默写的方式对新授单词进一步地学习，以巩固所学的词汇知识。但这种重复学习的次数不能太多，否则会"过犹不及"，导致学生的注意力不集中，甚至产生厌倦的心理；但这种重复学习的次数也不能太少，否则长时记忆的效果不好。就学生的学习状态而言，过松和过紧都不行。一般情况下，当记住一个单词后，然后再学习五遍将会使该单词的长时记忆保持更久，这种学习叫作"过度学习"。总之，就词汇学习和记忆而言，"最多"不一定最好，"最适度"才是高效率的有效保障。

（三）"花盆效应"

花盆是人为了养植物而给植物设置的一个小的生长环境，虽然植物可以吸收太阳光等自然提供的养分，但是人可以根据植物的喜好提供给它们最舒适的环境，如温度和湿度等。因此，该小环境中的某些因子可以人为性进行控制，比如温度与湿度。在人工创造的优越环境下，作物和花卉可以长得很好，但因为缺乏对恶劣环境的体验与适应，所以这些花盆里的植物一旦被投放在完全自然的环境下，就极有可能受不住自然环境的风吹雨打而枯萎甚至有死亡的危险，这就是"花盆效应"。传统的词汇课堂有如将学生栽种在"花盆"中，教材和书本上的单词、短语等知识就是学生赖以生存的养料，短期内学生所表现出的对知识的吸收可能比较好。然而，一旦离开了课堂这一人为的环境，学生不一定能对所学知识进行灵活运用来解决实际生活中的各种问题。

因此，在课堂教学中，教师应尽可能地根据教学内容为学生提供接近现实的语言背景，让学生去进行探索和体验，获得适应社会发展的知识与能力。此外，学生的学习能力也应该得到培养，尤其是自主学习能力的培养，经过这样培养的学生在离开学校，进入社会后，仍能通过自主学习进行高效学习，实现在英语学习上的可持续发展。

（四）教育生态位原理

根据生态学的理论，生态位是指在一个群落中，每个物种都有它自己的位置。由于物种间竞争激烈，故没有两个物种可长期占据同一生态位。个体适应能力的强弱变化与资源的多少有着密切的关系。当资源匮乏时，物种间竞争加大，个体适应力提高；反之，当资源丰富时，物种间竞争变小，个体适应力降低。在课堂教学中，每个学生的能力、性格等各不相同，都有各自的生态位。然而，传统的"秧田式"的座位人为地拉开了师生间的心理距离，不利于他们的互动和交流。因此，由于课堂内容的不同，教师可根据学生的实际情况，结合教学内容，采取马蹄形、圆形等开放性的座位排列方式，这不仅可以改善师生关系，还能提高学习效果。

此外，就英语课堂而言，由于语言的特殊性，基础比较好的、外向型的学生往往能积极发言，吸引到教师的关注多，造成了资源分配的不均等。为了刺激学生进行学习，和谐师生关系，使课堂教学生态回归自然，教师可增加提问的广度，有意识地平均分配各种教学资源。另外，教师还应关心关注每一个学生个体，利用不同课型的课堂教学，为每一个学生提供机会，使学生在生态课堂上实现生态位的泛化，提高学生的个体适应能力。

（五）阿里氏原则

根据阿里氏原则，每种生物都有最适合自己的种群密度，过疏或过密对生物生存和生长都不好。在英语词汇课堂生态系统内部，合理进行分组活动有助于教学效果的提高。学习小组最佳适宜密度是 3~5 人为一组，具体根据活动任务来定。小组成员围绕共同的主题在相同的学习环境中，参与活动，解决问题，提高能力。这种小组合作学习不仅可以通过相互合作、共同完成任务拉近师生以及生生间的关系，营造和谐融洽的学习氛围，而且针对英语基础整体比较薄弱的班级，还可通过将优生分到各组，将其所拥有的知识、能力转化成一种学习资源，提升班级的英语整体水平，有利于学生英语综合素质的提高。

根据教育生态学原理，生态主体要维持生存与发展，需要不断从周围汲取营养，同时还需要将自己的废弃物排出；换言之，它们需要不断地与周围环境进行各种交换和互动。英语词汇教与学本质上是一种互动的教学，教师对学生进行词汇输入时相互之间也需要交流，学生在进行词汇输出时如有互动，效果更好；总之，互动在整个词汇教与学的过程中一直存在。由此可见，运用教育生态学的基本原理进行高中英语词汇教学可对学生的非智力因素发挥良性作用，促进学生学会自主学习；有利于学生准确把握词汇含义，提高词汇运用水平，激发学生学习兴趣；有利于和谐师生关系，师生、生生间通过合作学习进行合理高效的能量传递，提高词汇习得效率，实现英语教育的可持续发展。

二、生态视阈下高中英语词汇教学的建构策略

（一）关注学生，培养情感

情感是人们对实际生活中事物的不同态度和体验。焦虑、缺乏自信、害羞、缺乏学习

动机等属于消极的情绪态度。监控理论中的情感过滤假说认为这些消极的情感态度不利于英语词汇的学习。因此克服消极的情绪态度在英语词汇教学中是非常必要的。情感态度是影响学生学习的重要因素，所以保持积极的态度是学好英语的关键。在实际教学过程中，大多数教师注重知识的传授，对师生间情感的交流关注不够。在高中英语生态课堂词汇教学中，应注重学生词汇学习情感态度，加强建立和谐的师生关系，关注培养学生的词汇学习动机，以培养学生积极的词汇学习态度，增强学生学习英语词汇的主动性，进而提高词汇学习的有效性。

1. 注重对学生的关注，建立和谐师生关系

生态课堂从教育生态学的角度关注课堂中所有的生态因子。教师和学生是课堂生态系统中的两个群体，是生态课堂中最重要的生态因子。生态课堂倡导师生发挥一切主观能动性和积极的态度去自由和谐地创造与发展。在传统课堂中，教师是知识的传授者，学生是知识的被动接受者。但在生态课堂中，教师的角色发生了转变，学生才是课堂的"主人"。在生态课堂中，师生关系是和谐的，建立在平等的地位上，教师的角色没有弱化，而是要更加多元化。教师是学生学习的引导者、合作者、指导者和评价者。对于教师来说，最重要的是打破课堂管理中的主控地位。教师不再是课堂的权威和控制者，而是知识的引导者和启发者。学生也有权利在课堂上自由地表达自己的观点，因为他们才是课堂的主体。

生态课堂所倡导的新型师生关系有利于营造和谐生动的课堂氛围。情感过滤假说认为和谐的师生关系可以帮助学生表达对教师的尊重和对词汇学习的热情。通过建立这种和谐的师生关系，学生可以对词汇学习产生浓厚的兴趣，乃至提高词汇学习的效果。

可通过三方面来建立和谐的师生关系：一是关心学生的日常学习生活。教师可以在课下经常与他们进行交流，了解他们近期的学习情况并及时对学习上存在困难的学生提供帮助。二是尊重学生的个性发展。学生间存在着个体差异，这要求教师要了解不同类型学生的心理需求，因材施教。三是善于使用鼓励的方式提升学生的自信心。通过鼓励的方式，学生能增强其自信心，有信心战胜困难。

2. 优化学生的词汇学习动机

教育的核心是让学生得到全面发展，而学生是生态课堂中最重要的主体，生态课堂的建构涉及限定因子定律，其表明缺乏限定因子会制约英语词汇教学的效率。缺乏限定因子会导致词汇学习效率过低，这与学生的智力并无直接联系，而与学生的词汇学习动机直接有关。因此在英语词汇教学中，教师应帮助学生培养词汇学习兴趣。如果学生采用合作学习获取词汇知识，或是存在有趣的词汇学习体验，那么他们就会更加自信，并且更关注词

汇学习的内部动机。教师激发学生词汇学习动机的方法有很多种，例如：开展多样的课堂活动；增加词汇学习的趣味性；鼓励学生开展合作学习等。因此，在英语生态课堂词汇教学中，教师应发挥"多角色"的组织者的作用，从而激发学生的学习积极性。

（二）词汇学习策略

生态课堂更能发挥学生的主体作用，而教师只是帮助学生学习的指导者与组织者。学生在英语词汇学习过程中掌握的学习策略较少。许多学生不知道如何使用词汇学习策略，甚至不了解它们的作用与含义。

生态课堂的建构还涉及耐受定律。高中英语生态课堂词汇教学中存在许多生态因子：例如，学生词汇记忆重复的次数，学生词汇记忆的时间，学生词汇记忆的习惯等。如果学生能掌控好词汇记忆重复的次数，积极利用碎片时间进行词汇记忆，他们的词汇水平能得到很好的发展，反之则不能。建构主义理论表明，学习是一个自我建构的过程。监控理论中的监控假说认为，学生应该及时监控、调整、纠正学习过程中的不足或错误。生态课堂理念认为学习策略也是一种生态因子。因此，词汇学习策略值得受到学生的重视。

1. 元认知策略

适当地使用学习策略有利于提升学习效率。学生掌握知识主要依赖于自身的建构，而不是被动地依赖教师的讲授。元认知策略是指学习者为促进学习活动顺利完成而采取的监控与调节的策略，包括计划策略、监控策略、调节策略三个方面。监控假说认为学生应该监控自身的词汇学习过程。根据生态课堂中的耐受定律，学生在每个阶段都要有明确的词汇学习目标，并经常对自身的词汇学习过程进行监控并调整学习计划。此外，他们还应该及时对词汇知识进行归纳与总结，并做出适当的评估。

2. 认知策略

认知策略是指完成具体学习任务的方法和信息加工手段。标音法、构词法、词典使用等方法都能在学生的词汇学习过程中得到运用。大脑中的记忆有三种形式：即时记忆、短期记忆和长期记忆。即时记忆是短期记忆和长期记忆的基础。生态课堂关注耐受定律，注重认知策略适应范围的上下限。因此，教师在教学中可以采用复述的方法，使短期记忆信息在学生的大脑中保留的时间更长，尤其是在英语词汇学习的过程中。对学生来说，在多次重复之后，他们所学的东西更容易储存在大脑中。之后，这些信息可以转化为长期记忆，这有利于以后的词汇学习和运用。在生态课堂英语词汇教学中可以有效地运用复述方法。

（三）优化词汇教学

教师作为生态课堂中的重要组成因素，在学生词汇学习过程中起着促进、评价和指导的作用。教师除了帮助学生掌握相关的词汇学习策略外，还应该优化词汇教学，在教学活动中对学生进行特定词汇的教学，优化教学方法，提高词汇教学效率。

部分英语教师经常通过讲解单词表的方式将英语单词呈现给学生，并且对每个单词的关注度是一样的，没有划分出重点词汇。然而，这种呈现模式无法满足对学生词汇学习的需求。在新词汇教学的实施阶段，教师在生态课堂中的作用可以得到积极的体现，通过多样的形式呈现词汇，并且为学生标出重点词汇。应丰富词汇的呈现形式。教师在进行特定词汇的呈现前，必须仔细考虑和选择具有直观性、情景化、趣味性强的呈现模式，避免使用固定的模式，这样才能调动学生的词汇学习积极性。通过视觉图像和听觉呈现的信息都有助于学生的联想与记忆。

第六章　生态视阈下高中英语课堂写作教学

第一节　高中英语写作教学中的多维反馈模式

一、反馈与多维反馈模式

（一）反馈

在过程写作教学法中，反馈是写作中一种有效的教学手段，为更好地理解写作中的反馈模式和准确地运用恰当的反馈形式教学，首先需要了解写作教学中反馈的定义和多种形式，进而明确多维反馈模式。

在语言学习中，反馈可以为学习者提供多方面的信息，促进学习效果。对于反馈的内涵有三种不同的观点：①写作教学中的反馈是读者给作者提供信息输入，包括评价、提问和建议等。反馈在写作修正中起着重大作用，可以帮助作者了解自己作文组织结构是否严谨、有逻辑，内容是否充分流畅，语言表达是否准确清晰等问题，故而可以有效改善学生写作技能。②使得学习者明白当下学习和表现的所有后续回应均为反馈。③反馈视作对错误的订正，其目的就是修正学习者内在的语言体系。综上所述，反馈是读者为作者修改作文提供的信息，其目的是帮助提高学习者内在语言能力。在本研究中，反馈是教师、同伴以及学习者自我在修改写作过程中所提供的评论和信息。

按照不同标准和角度，反馈可以分为多种类型。按照来源不同可以分为教师反馈、同伴反馈（两者均为外部反馈）和自我反馈（又称内部反馈），这也是英语写作研究中最为常见的分类方式；按照反馈方式的不同又可以分为书面反馈、口头反馈和在线反馈（在网络上的在线评价）；按照反馈的具体方法，可以分为积极反馈、消极反馈，直接反馈和间接反馈等。其中，直接反馈是指教师发现学生习作中的错误并替代学生予以改正；间接反馈则是教师只对学生所出现的错误进行提示而不改正，如写错误类型、画下画线等。值得注意的是，不同反馈形式并不是互相独立的。事实上，不同的反馈形式可以在学生写作中互相交融。例如，直接反馈、间接反馈、书面反馈和口头反馈可以列入教师反馈和同伴反馈中，因为教师反馈又可以分为教师的直接反馈、间接反馈、书面反馈和口头反馈，同伴反馈亦然。

（二）多维反馈模式

随着反馈教学的理论和实践不断丰富，越来越多的研究者逐渐发现，单一主体或形式的反馈模式存在着很多弊端。又鉴于反馈形式的交互性，即不同反馈形式可以互相交融，故而综合运用多种反馈方式、不同反馈方式扬长避短。20 世纪 70 年代末期，为突破单一主体评价方式的不足，美国学者结合不同主体评价方式的优缺点，推出了"多元主体参与"的评价反馈方式，不仅包含反馈人员，也囊括了需要采用反馈信息的主体本身，将更广大的主体融入评价反馈过程中，从而提出更多实用的、令人满意的反馈信息，以便更好满足他们对结果的需求。这是对反馈主体的一次革命。而在 20 世纪 90 年代，加拿大学者提出了"参与评价模式"，参加评价反馈的人员进一步广泛化。受到西方教育反馈理论和实践发展的影响，我国对反馈评价在英语教学科应用的改革也有很多研究，但是大多数研究侧重批判传统无效的教师反馈模式，倡导新型反馈模式，介绍和讨论其特征和功能。针对主体和形式多元化的专项研究，特别是实证性的专项研究并不丰富。

下面从克服单维反馈模式的弊端出发，力求让学生自己发现其写作的优缺点，从而明确如何修改；并主动变换角色，参与到反馈评价中，学习和理解他人写作的特点；在师生之间建立平等、有效对话，促进其写作动力和信心。具体来说，将自我反馈、同伴反馈以及教师书面间接反馈和面对面的口头反馈有机整合，创建一种循序渐进、易于学生接受和运用的多维反馈模式。本书通过实证研究探索多维反馈对高中生英语写作的作用和影响，同时培养学生的自主学习能力、自我评价能力、反思性学习能力和协作能力，形成师生之间、生生之间多向循环的交互过程，达到反馈在过程写作教学中的最大效用。具体操作流程如下：

1. 自我反馈

在初稿完成之后，教师结合作文评价标准和反馈单分别针对高、中、低三种水平层次的学生作文进行展示，要求学生结合评价标准和反馈单对习作（匿名展示）进行小组讨论和反馈。在学生学习小组展示讨论结果之后，教师适当予以点评。例如内容上是否紧扣前文主题，结构上是否与所给主题句衔接紧密、有逻辑性，时态表达上是否准确，用词是否丰富等。然后学生按照教师示范对自己的习作进行相应的思考和反馈。该过程中，强化学生对于评价标准细则的理解，并领悟作文内容主题、结构逻辑、词汇、语法和技术细节的要求。学生在自我习作上做出修改和调整，并填写相应的反馈单。从反馈的五个分类标准，学生进行自我再思考、深化知识应用过程，有利于培养学生对知识的深化掌握。

2. 同伴反馈

自我思考和反馈之后，学生从"作者"身份转变成真正的"读者"，在小组内（提前根据学生层次和座位编排的固定的学习小组）和小组成员之一进行同伴反馈，同时填充反馈单进行书面反馈，并适当辅以口头反馈以帮助对方理解。教师在以上过程中应充分发挥监督和指导的作用，尤其是在实验前期，学生对于该模式较为陌生，部分学生基础知识有限。教师的指导和帮助才能保证反馈的质量，推动学生主动探究学习，提高主观能动性。在同伴反馈环节，学生进行了角色的换位和调整，得以从读者视角审阅他人习作，从而深刻理解反馈的评价标准，他们也意识到"读者"的存在，进而有利于后面对于自己习作的客观分析和评价。

3. 教师反馈

学生根据同伴反馈进行三稿写作，完成之后由教师统一收集并结合"评价标准"和反馈清单对三稿进行书面反馈，对错误处下画线或者符号表明并给出简短评语和分数。最后学生再结合教师书面反馈进行四稿写作。针对少数未达到要求的学生，教师还可以适当进行面批，即口头反馈，以帮助其真正理解和领悟反馈内容。在反馈过程中，教师和同伴均没有直接进行纠错，而是为其发现问题并给予提示，学生借助教师和同伴的帮助加以解决，这符合最近发展区理论。二语学习者通过研究发现间接反馈可以指引学习者解决和反思自己的问题，尤其是语法问题，故而更优于直接反馈。

二、多维反馈模式理论基础

（一）过程写作理论

过程写作教学法注重写作过程而非结果，提出写作是一个不断修改、不断提高的过程。它起源于 20 世纪 60 年代晚期，在 20 世纪 80 年代广泛影响了二语写作教学。该理论强调学生在写作和评价方面的参与，并且合作和多草稿模式很重要，以帮助学生在写作中探知新事物，帮助读者从"为自己而写"到"为读者而写"的转变。该方法比传统结果型写作教学更加有创意性且有效，因为在过程中心论的写作课堂中，学生在写作以及反馈过程中会更加主动活跃，而非被动地接受来自教师的评论。学生发挥其主体能动性，教师只负责组织课堂教学和引导学生进行自我反思、协作共赢和自我修正。

以过程为中心的写作主要由五个部分组成：写前、草稿、反馈、订正和终稿。写前由头脑风暴、词汇聚集、快速自由写作和提问组成。而在写作草稿完成后，不可避免地会出现内容上、结构上和语言上的错误。于是，学习者自我反思，教师和同伴为写作者提供词汇上、语法上、内容和结构上的反馈。最后学生在自我反思和教师以及同伴反馈基础之上，对自己的写作进行订正，并形成终稿。在这样一个过程中，师生共同合作、彼此交流形成一种多向循环的交互过程，学生写作动力增强，愿意主动根据反馈信息做出自我修正，从而写作水平逐步提高。

（二）合作学习理论

合作学习就是将不同知识水平的学生分成若干小组，指导他们在相同的目标下彼此交流、协作从而有效习得知识。在这一过程中，课堂教学中的心理氛围得以改善，学生不仅可以获得知识、共同解决问题，还能最大限度地发挥自我和他人的学习能力，从而实现共赢。具体来说，合作学习需要积极依靠、面对面的促进性交互作用、个人责任、社交技能和小组自加工。

研究中学生在先进行内部反馈（自我反馈）后，进一步在学习小组中转换角色、换位思考，从"写作者"成为"读者"，在与同伴的沟通和交流中促进知识的内化和提升。在这样平等、轻松的学习氛围中获得知识、提升写作技能，也最大限度地发挥学习能力。

（三）"促学评价"理论

"促学评价"理论强调学习过程，是近年来学术界推崇的一种人际互动教学模式，该模式强调教师利用反馈信息矫正和改善教学，并认为告知学生明确的评价标准很有必要，让学生知道努力的方向和目标，从而引导学生明确自身特点，主动加以改进。那么，通过反馈提供的信息是引导该模式至关重要的部分。

（四）"最近发展区"理论

"最近发展区"理论强调突出学生学习的主体地位，教学应该激发和形成学生目前还不存在的心理机能。在多维反馈教学模式中，教师运用反馈单引导学生进行自我和同伴反馈，然后教师对学生作文中出现的问题以下画线、符号标注或者评语的方式间接指出，学生通过思考与探究相应修正，这其实就是在确立学生写作中的"最近发展区"。在学生不断探究和修正过程中就可以更好地达到每次写作训练的"最近发展区"。

由上述理论可知，多维反馈应该具备四点：①教、学、评均应与写作评价标准相联系并且贯穿始终，以评促教、以评促学；②学生需要通过结合评价标准进行自我反馈、同伴互评和教师反馈后的自我反思等积极参与反馈的各个环节；③更多主体参与到反馈过程中，可以更加全面、深入刺激学生主体作用，但是学生自我反思需要贯穿始终，学生主动掌控自我的学习；④学生在多稿写作过程中，结合多重反馈，积极进行信息的内部加工和重组，培养自我反思和自我修正的能力。

三、多维反馈模式与高中英语写作教学实践

下面以黄陂一中盘龙校区高一年级两个班级为研究对象，探讨多维反馈模式在高中英语写作教学中的应用。由于 2019 年 3 月该校已开始学生选课走班制，每个学生根据所选科目不一样进行走班调整，但整体来说高一（2）班共 45 人（语数外+生政史）与高一（3）班共 46 人（语数外+生史地）在学生英语平均成绩、写作水平、男女生比例、学习热情以及刻苦程度等方面相差不大，即同质性较高，故高一（2）班为采用多维反馈教学模式的实验班，高一（3）班为采用传统教师反馈模式的对照班。

（一）实验班的教学步骤

1. 分组学习

由于实验班是采用学习小组的方式进行的座位编排，故而在同伴的搭配分组上采取前后桌 4~6 名同学为一组，力求好、中、差三个等级学生均有，以最大限度发挥小组学习和改进力度，并推选出本学习小组中英语成绩较好、引导能力较强的一名同学为小组长。为了加强小组的凝聚力和学习动力，每个小组结合自身特点为本小组确定小组名，以期在后续学习中共同进步、实现共赢。在同伴反馈阶段，在小组内找到搭档，比如同桌交换作文并进行评阅，当遇到疑惑或者拿不定主意的地方可以及时向组员尤其是组长求助。在此过程中，教师巡视维持纪律的同时，给予适当的引导和帮助。

2. 学生培训

鉴于学生长期被动接受来自教师的单方面写作反馈，且知识和评价能力有限，教师有必要在实施多维反馈模式之前对学生进行相关培训，尤其是自我和同伴反馈，旨在让学生

从观念态度上发生转变，以更积极、更正确地融入多维反馈模式之中。具体培训步骤如下：

（1）说明自我反馈、同伴反馈和多维反馈的具体模式，让学生明确如何操作和最大效用地发挥其作用。为了方便学生正确地进行自我和同伴反馈，给学生提供自我反馈表和同伴反馈表并对其进行详细讲解，学生可以更加有针对性地评判自己和他人的作文，而不是仅凭感觉或者随意反馈，有助于形成自我反思，从而提升修改和写作技能。具体说来，无论是自我反馈还是同伴反馈严格从写作的内容主题、篇章结构、词汇、语法句式和技术细节五个方面着手，强化对于写作技能的认知和训练。当然，教师有必要对反馈表的使用进行具体课堂示范，让学生明确具体如何操作。在实际教学中，在好、中、差三类作文中随机挑选了三份作文案例，并将作文先后投影（匿名呈现），学生可以按照教师事先发的反馈表分组讨论该作文的各个方面，并进行画线标注或者符号标注。在各小组讨论后，由教师根据小组观点加以评论和总结。

（2）培训中更重要的是强调自我反馈、同伴反馈以及多维反馈模式的理念及意义。让学生明确学习是一个主动自我学习、自我探究的过程。尤其是在写作过程中，将自己的观点输出给读者，更需要及时反思和不断发现问题和探究解决方法。从自我内部出发，自内而外、自外而内形成知识和技能的真正内化和吸收。在这个过程中，需要自我的有效反思，同伴和教师站在"读者"角度的意见和反馈，而这些帮助无论是以口头形式还是书面形式都是在间接引导学生发现问题并纠正问题，从而真正内化知识和写作技能。故而，学生融入该反馈模式越深入，越能习得知识、形成自主学习习惯和能力。

3. 多维反馈模式应用

实验班采用相同的写作教学流程，即在相应教学模块完成后适当指导和分析作文题目，在限时完成之后，教师指导学生进行 5 分钟对照"评价标准"和反馈清单进行自我反馈和修改。紧接着在学习小组内进行同伴反馈，同伴仔细阅读作品之后按照"评价标准"和反馈清单进行书面反馈，并适当辅以口头反馈以帮助对方理解。教师在以上过程中应充分发挥监督和指导的作用，尤其是在实验前期，学生对于该模式较为陌生，部分学生基础知识有限，教师的指导和帮助才能保证反馈的质量，推动学生主动学习和积极反馈。接着，学生根据自我反馈和同伴反馈进行二稿写作，完成之后由教师统一收集并结合"评价标准"和反馈清单对二稿进行书面反馈，对错误处以下画线或者符号标明并给出简短评语和分数。最后学生再结合教师书面反馈进行三稿写作。针对少数未达到要求的学生，教师还可以适当进行面批，即口头反馈，以帮助其真正理解和领悟反馈内容。在反馈过程中，教师和同伴均没有直接进行纠错，而是为其发现问题并给予提示，学生借助教师和同伴的帮助加以解决，这符合最近发展区理论。

（二）对照班的教学步骤

对照班采用相同的写作教学过程，即在为期三个月的六次作文训练前，教师针对作文题目充分解读和指导。学生在初稿完成后的反馈部分，对照班沿用传统单一的教师反馈模式，即教师评阅每篇作文并对其词汇、语法、内容、结构以及技术细节等方面进行详尽的纠错，同时给予适当评语和分数。最后，在课堂上对学生出现的集中问题进行评讲和说明。

（三）实验班与对照班教学结果

1. 实验班和对照班写作后测成绩比较

在为期 12 周的反馈教学实验之后，对实验班和对照班进行期末作文测试，所用测试题为浙江省 2018 年高考英语测试卷的读后续写部分，所有作文由两位教师完成批改之后取平均值而成，利用 SPSS19.0 统计软件对数据处理结果如下，见表 6-1[①]。

表 6-1　实验后测写作水平表

班级	平均值	标准差	p 值	组间差异
实验班	18.776	1.577	0.003	−2.042
对照班	16.919	1.496		

通过对两个班级写作后测成绩进行独立样本 T 检验，发现实验班和对照班虽然前测时写作水平相当，但是他们的写作后测成绩差异显著（$p = 0.003 < 0.05$），这表明实验阶段所采用的两种不同写作反馈模式对两个班级的写作水平有显著影响，即结合自我反馈、同伴反馈和教师反馈的多维反馈模式优于单一的教师反馈形式，能更好地提高学生英语写作水平。

2. 实验班和对照班写作前后测的成绩比较

表 6-2 中是实验班和对照班前后测成绩的配对样本 T 检验结果，从表 6-2 中可知，实验班和对照班在实验后写作成绩均有提升。虽然实验班的成绩提高幅度大于对照班（1.300 > 0.403），但是两个班的前后测成绩均有了显著性差异（$p = 0.000 < 0.05$），这说明两种不

---

①　本节表格引自：李敏. 多维反馈模式在高中英语写作教学中的应用研究 [D]. 武汉：华中师范大学，2019：3-24.

同的反馈教学模式都是有效的，这也进一步验证了反馈之于英语写作教学的必要性尤其是多维反馈模式对英语写作水平的促进作用。

表6-2　实验前后测写作水平比较表

班级	测试	均值	标准差	p 值	组间差异
实验班	前测	17.446	1.779	0.000	−8.149
	后测	18.77	61.577		
对照班	前测	16.516	1.596	0.000	−5.029
	后测	16.919	1.496		

（四）多维反馈对英语写作的影响

1. 多维反馈对文本修改整体影响

通过对文本分析统计，45 名学生总共完成 600 稿，其中初稿 135 份，修改稿 465 份，要求每人至少修改两次。修改稿根据相关反馈分类标准，主要是指结合自我反馈、同伴反馈和教师反馈，从内容主题、结构逻辑、词汇、语法和技术细节方面进行的修改。

多维反馈模式给学生创造了多种互动模式和机会，学生通过与自我、同伴和教师之间的交互反复进行自我反思和摸索，反复修改，完成多稿写作。具体说来，经过初稿和修改稿的文本对比分析，共发现 1080 处修改。由于长期以来教师在评改作文上更具权威性、更有经验，教师反馈依旧在学生写作修改中影响很大，自我反馈和同伴反馈影响有限。这一结果与很多研究者一致，即教师反馈对学生写作影响最大，但是同伴反馈和其他反馈也可以补充进来。在多维反馈模式中，学生自我反馈和同伴反馈先于教师反馈实施，且在不依赖教师反馈的情况下完成了大部分（55%）基础反馈内容。这是因为，同伴反馈在语言水平和兴趣上与学生更为相近。在口头交流和书面反馈中，同伴较为放松也更易于清楚理解反馈内容，学生从"作者"变为"读者"，更加积极参与到评议过程中且将自己的习作加以对比，并弥补自己的不足。同样的，自我反馈学生参照并内化评价标准，发现和更正"最近发展区"以内的问题。总之，多维反馈模式下，学生与不同评价主体积极互动并反复修改，实现过程化多稿写作，从而改善了写作习惯。

2. 多维反馈对文本修改类型的影响

为了进一步了解多维反馈模式下不同反馈方式对学生写作的具体影响和特点，教师将修改稿（包括二稿、三稿和部分四稿）中的反馈点按照评价标准分成了四类。具体来说，从修改类型来看，词汇方面，自我反馈占 15%，同伴反馈是 35%，而教师反馈有 50%；语法句子层面，自我反馈修改25%，同伴反馈35%，教师反馈占据40%；内容结构上教师反馈修改最多，占据55%，同伴反馈次之，而自我反馈仅占10%；在诸如单词拼写、标点符号等技术细节方面，同伴反馈和教师反馈均为35%，自我反馈占据30%。（表6-3）

表6-3 多维反馈对文本修改类型影响表

反馈类型	词汇		语法		内容结构		技术细节	
自我反馈	60	15	104	25	15	10	34	30
同伴反馈	161	35	146	35	52	35	37	35
教师反馈	201	50	167	40	82	55	37	35
总计	422	100	417	100	149	100	108	100

由此可见，多维反馈模式下，自我反馈、同伴反馈和教师反馈有着各自不同的特点和功能。具体说来，自我反馈在内容结构上修改较少，这可能源于学生对自我习作较为熟悉，很难觉察主题结构上的不足，他们较为侧重语法（25%）和词汇及其拼写等细节问题。但是在自我反馈的过程中内化写作要求和评价标准，反思自己的不足，并且自我修正词汇、语法和技术细节上的一些基本错误，有利于强化知识和养成细心的写作习惯；同样的，同伴反馈过程中，学生不仅是"作者"也是"读者"，在评议同学的习作过程中，同样可以内化写作要求和评价标准，同时学习到别人的优点，有利于自我修正。另外，同伴反馈在内容主题和技术细节方面吸收率较高，这是学生"读者"意识的体现。教师反馈在四个层面上较均衡，占比也最大。另外，教师反馈在兼顾语言和内容的同时，在学生习作的篇章结构方面修改较多，这是在学生进行自我反馈和同伴反馈之后，在语言层面错误吸收较多的前提下，教师进行的更高层次的循环提升。

在实施多维反馈写作教学过程中，大部分学生对于改变传统单一的反馈形式、参与评价活动是持积极、主动态度的。尤其是经过前期反馈培训和指导，以及对学习小组合理分配的前提下，学生普遍可以结合评价标准进行自我反思和修正，并充当"读者"和"评阅者"认真品读小组中他人作品。当然部分语言基础较差的学生，在自我反馈和同伴反馈中不能及时发现所存在的问题，教师需要及时发现问题并给予现场指导。比如，学生在读后续写描述故事情节中，使用大量直接引语展开情节，语言过于口语化和简单。教师适当指导其将表达转述为间接引语，并表述人物动作细节。

多维反馈模式强调多稿写作，故而教师需要督促学生根据反馈及时修改并完成二稿、三稿甚至四稿，完成过程中需要查看学生修改情况。该过程较为耗时耗力，但是将学生充分调动起来参与反馈和修改，反馈的效用才得到了最大限度的发挥。尤其是，教师反馈环节，明显减轻了教师在词汇、语法、单词拼写、书写等语言浅层面的反馈工作量，教师得以在语言美化、内容主题和结构逻辑提升方面给予更多关注和指导，学生也能充分利用教师反馈进行深层次思考与提高。多维反馈教学模式强调多元主体参与评价，并有机结合多维反馈类型的特点充分激发学生这一反馈主体的积极性，改变了教师单向灌输的模式。

第二节 高中英语写作中的多模态教学模式

英语写作教学对学生的综合能力要求较高，既要熟练掌握各种英语词汇，又要灵活运用多种语法，难度较大。多数学生对英语写作望而生畏，这也是高中英语各类测试失分较为严重的题型。为帮助学生克服这一学习的重点与难点，既要注重高中英语基础知识讲解，包括词汇、短语、语法，又要做好教学理论、教学方法的学习与研究。多模态教学法是一种集多种资源共用的教学方法，教学效果明显，可灵活应用到英语写作教学中。

多模态又称多符号，指包括口语、书面语、图像、图表、空间以及其他可以用来构建意义的各种符号资源，指在构建主义理念下，以社会符号学为理论基础，注重利用各种符号资源来习得语言与文化。随着社会发展，多模态教学给原有教学方法带来较大冲击，尤其在高中英语写作教学中，应用多模态教学，可很好地激发学生的写作兴趣与热情。为保证多模态教学法更好地应用在高中英语写作教学中，高效完成教学目标，教师应充分认识到多模态教学法的优点，注重多模态相关理论学习，把握多模态理论内涵，大胆实践，寻找与总结有效的应用策略，给高中英语写作教学工作的开展提供良好指引。

一、多模态教学法在高中英语写作教学中的优势

（1）营造良好课堂氛围。传统高中英语写作教学中，多是由教师布置题目或给出话题，要求学生根据题目或话题进行写作，教学方法单一，课堂沉闷、枯燥，学生写作积极性不高，效率低下。应用多模态教学法时，可向学生展示多种教学资源，如图片、视频、表格等，并与学生积极互动，营造轻松、活泼的课堂氛围，让学生以饱满的热情投入英语写作中。

（2）激发学生写作兴趣。应用多模态教学法开展教学时，写作的题材不受限制，而且鼓励学生灵活应用多种表达方式，如图表，使得写作的灵活性更强，真正地让学生有话可说，降低写作难度的同时，很好地激发学生的写作兴趣。

二、多模态教学法在高中英语写作教学中的实践策略

高中英语写作教学中，为充分发挥多模态教学法的优势，应在认真学习多模态理论的基础上，结合高中英语写作实际，积极总结与寻找相关实践策略。

（一）重视多模态理论知识

高中英语写作教学中，应注重改变以往教学观念，注重写作理论的讲解，拓展学生视野，提高学生认识，为学生英语写作的进行提供指导。英语写作教学中，为学生灌输多模态理论，使学生认识到英语写作中允许使用的写作元素，如图表、简单绘图等，如此才能使学生写出的文章新颖、别具一格，更容易被理解。另外，鼓励学生多积累写作素材。学生要想在英语写作中应用多种表达符号，做到游刃有余，没有良好的积累是不行的。在学生对多模态理论知识有所了解后，鼓励学生做一个有心之人，在英语阅读中多留意英语文章的表达方式，多观看一些英语电视节目等，积累能够用于写作的各种素材。例如，在进行"My life style"写作教学中，教师可鼓励学生运用图表将自己的生活方式以时间串联起开，如此不仅文章的逻辑性、连贯性强，而且文章内容一目了然，便于阅读。

（二）灵活运用多种教学资源

在高中英语写作教学中，应用多模态教学法时，应结合多模态理论以及教学经验灵活应用多种教学资源，真正体现出"多模态"，提高学生写作的新鲜感。

一方面，指引英语写作的素材类型多种多样，如录音、图片、动画等，都可作为英语写作的依据，因此，写作教学中，教师应根据教学目标，为学生创设多种写作情境，供学生进行训练。如运用多媒体技术为学生播放相关视频，要求学生用英语写出观看视频的感受等。

另一方面，教师可与学生积极互动，统计学生住校、课外互动情况等，而后将统计结果以图表的方式板书在黑板上，要求学生根据图表数据进行写作。因图表数据和学生的生活密切相关，因此，可很好地激发学生写作热情。例如，在进行"Environmental pollution"英语写作教学中，教师可播放相关的视频短片，使学生认识到保护环境的迫切性以及重要性，鼓励学生立足自身生活进行写作，最终获得良好教学效果。

（三）鼓励学生对写作方式进行创新

高中英语写作中，应用多模态教学法时，教师既要注重给予学生写作上的指导，又要

鼓励学生创新写作方式，使学生能够进行"多模态"表达，促进英语表达以及写作技巧的提升。

一方面，英语写作教学中为学生深入讲解英语文章体裁以及不同体裁的特点，写作注意事项等。同时，为学生讲解在写作中可以运用的表达方式、表达技巧等，为学生灵活应用多种表达方式奠定基础。

另一方面，教师要鼓励学生创新写作方式，即结合多模态理论知识，开展英语写作比赛训练，设置相关的奖项，将写作方式作为评价的重要指标，提高学生写作积极性的同时，促进学生创新意识的进一步提升。例如，在进行"My school"英语写作比赛时，学生在写作中绘制学校的简略平面图，按照一定的位置顺序进行写作，写出很好的文章，并获得奖项。

（四）重视写作教学效果评估

应用多模态教学法开展高中英语写作教学时，教师应做好写作教学效果评估，及时发现与改进教学中的不足，实现教学质量的进一步提升。认真分析学生英语写作中的表达方式、写作内容的变化，多与学生沟通、交流，鼓励学生对多模态教学法提出自己的看法与意见。基于学生英语写作评估结果，分析多模态教学中存在的问题，学生应多向经验丰富的教师请教，学习多模态教学法应用于英语写作中的技巧以及注意事项，不断提高自身的应用水平，促进英语写作教学工作顺利、圆满完成。例如，在进行"Let's ride bicycles"英语写作教学，部分学生认为教师应给出提示，不然很容易写跑题。在学生的建议下，要求学生从环保角度进行写作，顺利完成了写作教学任务，达到了预期的教学效果。

为提高学生英语写作水平，高中英语写作教学中，既要结合教学目标进行合理规划，又要做好多模态教学理论研究，积极寻找有效的应用措施，加强自主学习，及时优化与改进应用中的不足。

第三节　生态视阈下高中英语课堂写作教学策略

一、高中英语生态写作教学策略

（1）语言发展策略。语言发展具有渐变性，不允许突变。外语学生必须在言语中掌握语言现象，不断地建构自己个体的语言体系。高中英语生态写作教学以生活和教材作为语言发展的二元基点，在生活和教材的交融中寻求语言发展，引导高中生借助生活和高中英语教材构建英语写作语料库，并从生活等多角度内化英语词汇、句型和表达方式等，继而体悟英语语言特点、表达思维和写作意蕴等，从而"自觉"发展英语语言，提升英语写作能力。

（2）情感生长策略。文以情动人。写作应遵循由知识积累到言语组织再到情感表露的发展过程。高中英语写作的现实状况是，学生缺乏生活理解，套用句式，泛泛其词。高中英语生态写作教学力求"情者文之经"，也即用英语语言表达生活"情思"和对自然世界的理性关注，表现为与自己对话、与生活对话，以养成真情实感、自由灵动的英语写作品格，逐渐独抒性灵。

（3）人生成长策略。高中英语生态写作教学基于学生当下的英语写作素养"原点"，输入和输出并重，珍惜学生的英语写作天赋和特长，呵护学生标新立异的大胆创见以及灵动的思维火花，让学生获得不断学习的动力、持续学习的能力，逐步把英语写作教学的"现实利益"与"长远发展"结合起来。

二、高中英语生态写作教学的实施

（1）一组话题引路，扶放结合。师生或生生围绕教学内容而生成的交流主题即为话题。在教材话题的指引下，借助话题词汇、结构等支架，结合生活经验和个人体验与话题内容获得感情共鸣，学生将会积极、自信地参与英语写作活动。

（2）一本写作练笔，激发兴趣。高中英语生态写作教学倡导教材话题引领下的自由写作。自由写作能让学生遵循写作自身内在规律，在由"自然"到"自觉"的生活体验中，发自内心、自感自悟地进行写作。学校统一印制写作本，每生一本，写作本供学生进行自由写作，促使学生关注生活，表达真情实感，绽放文采，凸显才情。

（3）一席评价推进，提高教师教学质量与学生的英语能力。高中英语生态写作的评价过程是基于评价标准的同伴互评和自我完善。同伴互评能为作者提供近似自己的学生，同时作者得以了解他人对自己作品的不同看法，学会批判性地阅读自己的作品，审视写作思维过程。因高中英语生态写作的自由性、开放性等特点，在师生充分讨论基础上，分别研制易于操作的高中英语生态写作三阶段的评价标准。同时，改变以往以同桌或小组合作形式的同伴互评模式，互评过程中，好友群中的成员一起讨论并提出建议和意见，大家始终处于一种积极而又轻松自然的状态，一改往日同伴互评的沉闷局面。对好友群推荐的当期话题佳作，应由该群写出推荐词，必要时，可请英语教师协助。

（4）一刊展示提升，树标放样。定期编写英语习作刊物，英语教师轮换担任编辑，双月出刊，月末发放，载的都是特点鲜明、思路清晰、点线剖析、联系现实生活、展示精彩见解、可供借鉴的优秀作品。编刊展示的作用在于及时把脉高中英语写作的短板，探索高中英语写作教学的良方，为高中英语写作教学树立标准。

参考文献

［1］曾燕子. 高中英语生态课堂教学活动的优化研究［J］. 佳木斯职业学院学报，2018（10）：352+354.

［2］陈俊. 高中英语教学现状分析与改进策略探究——基于安庆市"省级示范高中精准教学"专题视导（英语学科）的反馈［J］. 中小学教师培训，2020，(9)：70~74.

［3］陈雪，毕馨月. "脚手架理论"在高中英语课堂中的应用［J］. 福建茶叶，2020，42（2）：205.

［4］陈雪梅. ESA教学模式在高中英语阅读教学中的实证研究［D］. 哈尔滨：哈尔滨师范大学，2019：11-42.

［5］邓新侦. 新课标下高中英语教师课堂教学设计能力研究［J］. 教学与管理（理论版），2019，(5)：35-38.

［6］杜正学. 论高中英语课堂教学实践与新课标理念的冲突［J］. 中小学教师培训，2016，(10)：65-69.

［7］郭佳丽. ESA教学模式在高中英语阅读教学中的应用研究［D］. 哈尔滨：哈尔滨师范大学，2020：12-52.

［8］何亚男，金怡，张育青，等. 高中英语写作教学设计/高中英语课堂教学设计丛书［M］. 上海：上海教育出版社，2017.

［9］何亚男，应晓球. 高中英语阅读教学设计［M］. 上海：上海教育出版社，2010.

［10］侯净. 学案导学模式在高中英语写作教学中的应用与研究［D］. 呼和浩特：内蒙古师范大学，2014：21-41.

［11］胡德刚. 高中英语生态写作教学的实践探索［J］. 教学与管理，2017（07）：47-49.

［12］李敏. 多维反馈模式在高中英语写作教学中的应用研究［D］. 武汉：华中师范大学，2019：3-24.

［13］蔺红红. 学案导学在高中英语阅读教学中的应用［D］. 兰州：西北师范大学，2015：

10-61.

[14] 刘斯梅. 生态学视角下的高中英语课堂管理研究 [D]. 淮北：淮北师范大学，2015：17-18.

[15] 刘耀. 学案导学模式的现状和策略研究 [D]. 扬州：扬州大学，2013：12-31.

[16] 马亚军. ESA 教学模式在高中英语阅读教学中的应用 [D]. 济南：山东师范大学，2017：10-35.

[17] 牟必聪. 翻转课堂理念下高中英语词汇教学的设计与实践 [D]. 上海：华东师范大学，2018：5-88.

[18] 钱晓航. 高中英语课堂评价的问题及改进 [J]. 教学与管理（中学版），2017，（7）：48-49.

[19] 曲鸿艳. 高中英语词汇教学中实施主体参与型教学的研究 [D]. 上海：华东师范大学，2009：31-42.

[20] 任春玲. 生态课堂教学在高中英语词汇教学中应用的研究 [D]. 长沙：湖南师范大学，2017：8-21.

[21] 唐晓沄. 图式理论在高中英语阅读教学中的运用研究 [M]. 上海：上海交通大学出版社，2016.

[22] 陶丽红. 高中英语生态课堂教学环境的优化研究 [D]. 苏州：苏州大学，2014：13-20.

[23] 王德艳. 普通高中英语课堂教学现状及对策 [M]. 南昌：江西高校出版社，2012.

[24] 王雪娇. 高中英语生态课堂的质性评价研究 [D]. 哈尔滨：哈尔滨师范大学，2017：16-31.

[25] 王怡武，张存. 高中英语课堂教师反馈语实证研究 [J]. 现代中小学教育，2017，33（6）：67-70.

[26] 肖利伟. 生态论视阈下高中英语课堂氛围营造现状及策略 [D]. 长沙：湖南大学，2019：13-24.

[27] 徐瑾. 高中英语生态课堂词汇教学的行动研究 [D]. 汉中：陕西理工大学，2019：9-23.

[28] 杨果. 学案导学式教学在高中英语阅读教学中的应用 [D]. 长沙：湖南师范大学，2012：21-53.

[29] 周红莉. 高中英语生态课堂研究 [D]. 武汉：华中师范大学，2012：5-41.

［30］朱俊丰. 高中英语阅读课堂教学的现状分析与教学建议［J］. 教育教学论坛，2014
（47）：195-196.

［31］朱亿红. 多模态教学法在高中英语写作教学中的应用［J］. 英语广场，2019（12）：
162-163.

［32］庄彩芹. 浅谈高中英语阅读教学与研究［M］. 北京：北京邮电大学出版社，2015.